利與贏

劉必榮談判實戰課

劉必榮——著

前言
一本你可以隨身攜帶的談判錦囊

　　我寫這本書的目的，是為讀者提供一個可以隨身攜帶的談判錦囊。

　　三十多年前，我曾經出過一本談判的口袋書《談判 Q&A》，內容是談判的一百個問答，讓急於談判，但沒有時間靜下來好好看一本談判書的人，可以快速翻閱，找到參考答案。小小的開本，適合隨身攜帶。這本書後來中國大陸也出了簡體字版，開本大了點，但現在應該都絕版了。

　　二〇二二年，我出了《劉必榮談判精華課：33 年經驗集大成，上過這堂課，視野、思維無限寬廣》，將過去研究談判的心得做一整理，讀者的反應也不錯。我請學生來上談判課前，先讀《劉必榮談判精華課》，課後再去聽我的 Podcast 節目《劉必榮的談判書房》，做為複習補強之用。Podcast 一百多集，裡面很多是同學上完課後所提出的實務問題與我的回答。

　　我常跟學生說，上一次談判課七小時，看起來時間長，其實只是沾個醬油，染個色而已。真正要學會談判，必須將學到的戰

術內化，這樣才能沁到骨頭裡。所以上完課一定要反芻、複習，聽 Podcast 就是反芻。

後來很多朋友建議，何不把 Podcast 內容也變成文字出版，就像當年的《談判 Q&A》一樣，輕薄好讀。看過《劉必榮談判精華課》的人可以用這本書複習，來不及看的人，可以馬上用這本書應急。

這就是本書的緣起。我也感謝文字協力彩蘋幫忙將豐富的實戰案例轉化為有系統的文字。

談判的流程其實說簡單也蠻簡單：先確定我要什麼（這一回合我要什麼），也評估在這樣的環境下，對方可能要什麼，然後盤點籌碼，擬定出牌的戰術，決定什麼時候給對方一堵牆，什麼時候又開一扇門給他，隨著談判過程不斷修正，最後在適當的時機收尾結束。

可是如果深入研究，又會發現每一個環節都有複雜之處。

比如先確定我要什麼，一個人談判還好，如果是代表公司去談判，老闆的立場變來變去，他都不知道自己要什麼了，我們做夥計的，又怎麼搞得清楚？

又比如籌碼，商業環境改變、國際情勢改變，籌碼也會跟著變。或者世代改變，每一代的成就動機不同，能說服上一代談判者的話術，對新一代談判者可能就不管用了。

這些變化正是談判之所以引人入勝的地方。它不是你想的鬥智或耍嘴皮子，而是必須跟著環境改變的整套學問。進入研究談

判的殿堂，就像進入萬花筒一樣，會看得眼花撩亂，越鑽越深。

　　但是在眼花撩亂之間，我們還是要理出一個頭緒，一套原理、原則，這樣才能把談判變成可學習的學問。

　　這本書搭配之前的《劉必榮談判精華課》，一薄一厚，幫助讀者在學習談判時，有一個深入淺出的完整學習歷程。你可以把這本書當做快速進入談判的隨身錦囊，也可以在看完《劉必榮談判精華課》後，用這本書反芻咀嚼，沉澱你的談判心得。

　　希望這本書能幫助大家在談笑聲中，得到你所想要得到的。

劉必榮

目次

前言 一本你可以隨身攜帶的談判錦囊　003

第 1 章 ─────────────

坐上談判桌之前要知道的事

01　溝通和談判有什麼不同？　012

02　談判到底可不可能雙贏？　017

03　如何讓談判變成立體的學問？　023

04　談判有沒有底線？什麼是贏與利的標準？　028

05　如何用議題切割，爭取談判的交換空間？　034

06　如何評估談判場地的利弊得失？　040

07　談判發生需要變數！如何讓對方點頭坐上談判桌？　046

08　為什麼在期限壓力下，談判比較容易成功？　052

09　談判桌上的信任從何而來？　057

10　談判時，對方氣勢很強怎麼辦？　064

第 2 章 —————

生活中的談判，無所不在

01 跳槽、辭職、求職的談判關鍵為何？　070

02 非買到不可！避免落入弱勢的談判關鍵？　081

03 如果對方無欲則剛，要怎麼談？　087

04 我怎麼知道對方要什麼？　094

05 如何做到軟硬兼施？　099

06 我就是沒籌碼怎麼辦？如何創造籌碼？　104

07 如何讓步讓得有價值？　110

08 對方開價高，但我還是想買，怎麼辦？　121

第 3 章 —————

談判桌上的攻防技巧

01 造勢、引爆衝突時，為什麼控場很重要？　128

02 如果對方不知道自己要什麼，如何幫他做決策？　136

03 如何靈活應用不同的說服技巧？　141

04 談判出牌，用什麼句型最有效？　147

05 讓步一定會有回報嗎？　158

06 談判的時間和速度，掌握在誰的手上？　172

07 談判時，如何破解對方的期待？　178

08 談判時，如何化解對方的攻擊？　185

09 談判時，對方老是閃避話題怎麼辦？　191

第4章 ──────────

如何讓談判優雅收場？

01 對手回不回得了家，是誰決定的？　200

02 何時再見？可攻可守的「燜」字訣　206

03 他為什麼不願意開口？　212

04 如何讓他主動開口？　218

05 先例與特例有何不同？　225

06 談判時，老闆立場變來變去怎麼辦？　232

07 對方先畫下紅線，不能談怎麼辦？　241

08 對方已讀不回，怎麼辦？　248

09 如何優雅下桌，不至於撕破臉？　255

第 1 章

坐上談判桌之前要知道的事

01 溝通和談判有什麼不同？

02 談判到底可不可能雙贏？

03 如何讓談判變成立體的學問？

04 談判有沒有底線？什麼是贏與利的標準？

05 如何用議題切割，爭取談判的交換空間？

06 如何評估談判場地的利弊得失？

07 談判發生需要變數！如何讓對方點頭坐上談判桌？

08 為什麼在期限壓力下，談判比較容易成功？

09 談判桌上的信任從何而來？

10 談判時，對方氣勢很強怎麼辦？

01

溝通和談判有什麼不同？

　　坊間許多傳授溝通技巧的分享，經常會提到談判也是溝通的一種型態。這邊我想要做一些觀念上的說明，首先要強調一點：溝通跟談判是不一樣的。但好的溝通可以構成談判成功的基石，也經常是談判成功的開端。

　　我們可以說溝通是基礎建設，就像是基本功，而談判是上層建築。兩者差別在哪裡呢？

　　會談判的人一定會溝通，但是會溝通的人不見得會談判，差別就在兩個字：布局。就像會打籃球的人一定會運球上籃，但只會運球上籃的人，不等於會打籃球，整體的戰略布局，就是最大的層次差別。

　　溝通講的是跟誰談，談判還要多一個字：**先**跟誰談。看得出這兩者的差別嗎？

如何透過溝通取得議題情報？

　　雖然溝通技巧不如談判講究布局，但是溝通卻可以為成功的談判做鋪墊的工作。

　　在正式談判開始之前，若可以透過事前溝通，彼此交換意見，慢慢了解對方真正的關切點，就有機會爭取到談判的交換空間。

　　舉例來說，知道對方家人生病，而剛好你有認識的好醫生，就可以幫忙介紹。就算是與談判無關的難題，你也可以給予協助。善意會成為潤滑劑，你幫了對方，就算他在談判上沒辦法讓利給你，但可能因此願意提醒是哪個部分不符合需求，或是透露事情卡在什麼地方，這樣你就知道該從何下手改善企畫書。

　　雖然我們常講要公私分明，但其實你來我往之間有時很難區分。如果彼此關係不好，對方大可公事公辦，什麼都不說。當然，這邊說的都是在合法範圍內的人情幫忙。

　　再舉個例子，年輕人想跳槽，老闆跟員工慰留溝通時，發現員工不只關注短期的薪資高低，還希望有成長的機會。這時，如果老闆不能立刻在薪資上滿足員工，但能在成長方面提供機會，就有了另一個談判籌碼。

　　反之，從員工的角度也是如此，跟老闆談判，不是談薪資，而是談待遇。如果只談薪資，等於是單項較勁，老闆不讓，我就

不幹，會變成「不是你輸，就是我輸」的局面。但是把議題擴大，談待遇，就不只是談薪資，還包括各種福利、津貼、假期、保險、學費補助或教育培訓等，這裡面就有很多東西可以交換。事先溝通，了解對方在意的東西，就可以運用在談判上。

很多時候，雙方是為了買賣交易而談判，這時若有多議題，就能夠交換。

多議題從何而來？除了把一個議題擴大，容納更多議題；另一個方式就是靠事前溝通，交換意見，了解對方關心什麼。

有可能我幫你的是私事，你讓我的是公事。美國學者將這稱為「有意無意的顯性或隱性的掛鉤交換」，背後的大理論就是在談判桌上要盡量從單議題變成多議題，這樣才有機會交換。若只有一個議題，會形成鬥牛局面。

透過事前溝通，了解對方現在可能需要或關切什麼，我們再盤點自己能給出什麼，中間有沒有一個可以交換的空間？這是好的溝通有助於好的談判的第一個原因。

如何透過溝通理解情勢？

談判有一個很重要的特質：不完美的資訊。意思是說，沒有人有把握自己掌握了百分之百的資訊。《孫子兵法》講「知彼知

己，百戰不殆」，這只是理想境界，事實上非常困難，知彼難，知己也難。

過去我們常會一廂情願地認為：「我知道的資訊，對方一定都不知道。」但現在資訊發達，對方怎麼可能不知道呢？於是我們轉變想法，認為：「我知道的資訊，對方一定都知道了。」結果自己嚇自己，畢竟若對方都知道我要幹什麼，那我還能出什麼招呢？

真相到底如何？說起來，前面兩種推測都只對了一半。正確的說法應該是：「我知道的資訊，對方不一定都知道。」不是把「不」字拿掉，而是把「不」這個字移到前面，他「不」一定都知道，正因為不一定都知道，談判才有所謂的不完美的資訊。所以在談判過程裡我們需要交換資訊。

經過溝通，我們對雙方態勢誰強誰弱，會有更清楚的理解。比方說，我們在溝通時發現對方好像有恃無恐，話中透露出另有退路；或是好像對哪家公司或產品十分了解；或是言談中提到其他備案，如果不生產 A，他也可以生產 B……經過一來一往的溝通，很多資訊會慢慢出來，幫助我們認清雙方的權力和態勢。

交換資訊在談判過程的正式說法是**「控制下的資訊流動」**。在跟對方交換資訊的時候，要控制交換訊息的量，也就是決定要讓對方知道多少。對方也一樣，他也會決定要讓我知道多少。彼此交換過資訊之後，雙方才會恍然大悟，原來我不像自己想像的強，或是反過來，原來我不像自己想像的弱。

　　這就像織布一樣，一條一條資訊就像經線和緯線，慢慢織出一個圖像。那個圖像是什麼？就是彼此的相對權力關係。可能我原本以為自己居於強勢，所以堅持不讓步，後來慢慢發現情勢不對，衡量之後覺得必須讓步才行；或是原本以為自己居於弱勢，但一來一往之後，發現自己的籌碼並沒有想像的這麼差。

　　經過溝通，雙方的認知會慢慢朝現實校正，並反映在談判行為上。可能是由強硬變得更有彈性，或是原本步步撤退，慢慢挺住，轉守為攻，這些發展都會直接影響到新一輪的談判。

　　雖然溝通不等於談判，但是溝通做得好，確實有助於我們理解並達成好的談判。一方面是可以找到更多能掛鉤與交換的議題，讓談判更靈活。另一方面，透過溝通交換資訊，也有助於彼此建立對誰強誰弱的新認知，讓我們的談判姿態與技巧更為務實。

　　所以溝通技巧還是非常重要，要好好學習。

02

談判到底可不可能雙贏？

有個美國教授朋友好奇我的談判研究學院「和風談判學院」，用的英文是 harmonious（和諧），是不是認為談判的最高目的在追求「雙贏」呢？給出答案之前，我想先問問大家對於雙贏的想法。

雙贏的英文是 win-win，就是我 win，你也 win。這個詞看似熟悉，生活中常常使用，但它是真實存在的嗎？還是一個迷思，是想像出來的東西呢？

想雙贏？得先造勢

談判到底可不可能雙贏？在我看來，談判若能雙贏是最理想的，但我從不認為雙贏會從天而降。談判桌上很多人想的都是獨贏。想要雙贏，必須造勢，逼著對方跟我雙贏。絕對不是買一本關於雙贏的書，看了之後跟對方說：「我們來雙贏吧！」他就會跟你雙贏。

我跟美國教授朋友說：「只有你們美國人才那麼天真吧。」

他聽了笑著說：「那是以前的美國人。」

以前的美國人講雙贏，是我 win，你也 win，但是現在的美國人已經不再這樣想了。現在講雙贏，兩個 win 都屬於自己。他們會說：「I win once, I win twice, I win every times.」（我贏一次，我贏兩次，我每次都贏。）雖然是玩笑話，但也隱藏幾分真實。

有些學者把 win-win 翻譯成「共贏」，但我還是認為「雙贏」更接近它的真義。為什麼呢？因為共贏是兩個人共同成就一件事，它是雙贏，但只是雙贏的一種型態。雙贏也可能是兩個獨贏構成一個雙贏。談判的甲方覺得自己贏了，乙方也覺得自己贏了，雖然嘴上說雙贏，但雙方心裡都竊喜是自己獨贏。每個人都認為自己贏了，這樣的結果也是雙贏。

雙贏代表哪些不同的情況？

情況一：雙方贏得不一樣的東西

比方說，社區新開了一家超商，為了招攬顧客，打出各種優惠價格。顧客用低價買到商品，贏得了「實惠」；店家得到顧客的好感，贏得了「歡迎和信任」，雙方分別贏得不同的東西，這

是雙贏。

情況二：雙贏不等於均分

　　談一件買賣，賣方開價八千元，買方還價七千元，最後賣方提議大家誰也別占誰便宜，乾脆七千五百元成交，達成雙贏。很多人誤以為雙贏是要各讓一半，誰也不吃虧，其實這是不對的。

　　均分只是帳面上看起來誰也不吃虧，但不等於大家都高興，這樣就不能稱做雙贏。若雙贏等於均分，那何必學談判呢？學數學就好了。雙贏的真義是大家都感覺自己得到了一點東西，雙方都覺得自己是贏家，這才是最好的結果。

雙贏是真實存在的嗎？

　　唯有相信雙贏是可能的，才會努力去找出雙贏的解決方案。若一開始就不相信雙贏，就不可能朝這方向去找解方，結果當然不會出現雙贏。

　　說到這，出現了一個新的命題：為什麼會相信雙贏是可能的呢？為什麼會放棄獨贏的想法，轉而接受雙贏的結果呢？

　　主要原因有三個：

原因一：教育

雙贏是後天學習的概念，必須把這種價值觀和思維方式，根深蒂固種在腦子裡，相信雙贏是可能的。唯有相信，才會去找出雙贏的解決方案。

原因二：不談判的成本

增加不談判的成本，讓對方知道沒辦法單獨解決問題。用不談判的成本把對方逼上談判桌，如果不談判，可能會被懲罰，或是損失形象、付出代價等等。

原因三：談判的效益

增加談判的效益，讓對方知道如果談成的話，會有什麼好處。所謂的「好處」，必須是大家一起同蒙其利。

找到對方和自己都想要的東西

成本是推力，效益則是將對方帶往談判桌的拉力，一推一拉

之間，成功讓對方坐上談判桌進行談判。但前提還是得讓對方先放棄獨贏的想法，如果他認為自己可以單獨解決問題，控制整個情勢，一切都在他的掌握之中，他為什麼要和你雙贏呢？

　　談判時，每個人想贏的東西不一樣，只要找到對方和自己都想要的東西，就有可能達到雙贏的局面。

　　當我們願意相信雙贏是可能的，才會主動去思考、學習很多案例。至於要如何學習？建議一步步來，平常可以多觀察同事、主管，或是去上課、看書，多了解實例，就有可能發現新的解決方法。就像看棋譜一樣，多看看別人是怎麼解決問題的，從中學習，並記住哪些方法是可複製的。

換個說法談雙贏，降低對方的警戒

　　有些學者擔心雙贏這個詞被過度使用，導致談判時，只要提到雙贏，反而讓人警覺是不是有陷阱，擔心被這個說法「騙」到讓步妥協，對方會不會其實只是想要自己口袋裡的東西？

　　所以，有時候不講雙贏沒事，講了雙贏，反而讓對方神經緊張起來，造成反效果。如果有這層顧慮，不妨換個說法：「我們一起把餅做大。」這個想法仍然是雙贏，但聽起來比較沒有威脅。

不同文化，說法也不同？

　　有時候不同文化對於特定行為或用詞，也會有不同的反應。

　　像是美國人和非洲人談判，最後要簽約時，看到美國律師拿出合約，非洲人就會開始緊張，為什麼要簽約？對方是不是不夠信任自己？或是在合約細節動了手腳，擔心有詐。

　　不拿出合約，合作愉快；拿出合約反而讓對方害怕，合作破局。碰上這樣的情況，就不一定要簽合約，可考慮用其他方式來達成協議。

　　談判對象若是中東人，情況又不同了。聽到對方提議要compromise（妥協），有些中東人會嚇一跳，想說這個人怎麼一點英雄氣概都沒有。所以 compromise 這個詞在中東是敏感詞，要避免使用。可以換個說法，像是「workout a solution」，我們一起努力找到解決方案。實際上的行為，就是大家各讓一步，但說法上要避免挑起對方的敏感神經，最終結果還是雙贏。

03
如何讓談判變成立體的學問？

談判講究的不只是「how」，還要考慮到「when」。

如何做？是所謂的「how」，它是一個平面，但光靠平面是不夠的，重要的是，如何讓談判變成立體的學問？答案是：加上「時間」的縱深。

什麼話一定要在這裡講？什麼話又必須留到那裡講？就是「when」，時間會帶來層次，讓談判更精緻，變成擁有縱深的立方體。

「現在」適合嗎？精算談判的時間

大至公司與公司，甚至國家與國家，價格是否上漲？雙方要不要引爆衝突？甚至要不要開打？小至生活中，我們想跟老闆提出要求，不管是加薪、升職或請假，一定都會反覆思考：「這個時間對嗎？」「現在提出條件適合嗎？」

　　舉川普時代的美中貿易談判為例。當時是川普準備爭取連任的重要時機，中國大陸在進行貿易談判前，也知道談判結果必定會牽動美國大選。因為若中國在談判桌上承諾加大進口美國農產品，川普就可以拿這個貿易協定去農業州邀功，爭取選票。越接近投票日，川普對協定的需求就越殷切，為達成協議，也可能做出更多的讓步。所以中國不能太快達成協議，要利用川普對協議的急迫感，在最後擠出美國的讓步。

　　可是也不能拖太久。如果拖太久，大勢底定，就無法逆轉勝了。這時就算達成協議，對川普也沒用了。所以北京必須拿捏一個恰到好處的時間點。

　　投票時間在二〇二〇年十一月，最後北京選在當年的一月和美國達成第一階段貿易協定。原本川普因為這個利多，確實加大連任勝算，只是後來 COVID-19 疫情越來越嚴重，連帶影響選情，加上其他變數，川普最後並沒有連任成功。

　　這就是談判的時間。時間選得好不好？有無急迫性？哪些議題一定要現在提出來？這些問題在談判開始之前就要審慎評估，在談判過程中也得時常檢視，因為在局勢及外在環境的大框架下，「最佳時間」經常會改變。

為什麼「時間」會構成談判的壓力？

　　再舉一個時間影響談判的例子。記得在英國正式脫歐之前，我陸續聽到很多台商朋友表示，擔心英國一旦脫歐，將來英國的貨品賣到歐盟國家，可能不再享有免稅待遇。但畢竟當時還在談判期間，對於最後結果，誰都沒有把握。有遠見的商人懂得未雨綢繆，紛紛先把貨從英國拉出來，放到其他歐盟國家避險。像是在荷蘭租借倉庫，將英國的貨囤放在境外，這樣一來，即使英國最後脫歐，只要倉庫還在歐盟單一市場裡面，就可以繼續享有免稅待遇。

　　伴隨著脫歐議題的談判進展，特別是越到後面，態勢越明朗，時間就越成為許多商業談判的壓力。原本抱持觀望，或是誤判情勢的人，就吃虧了。怎麼說呢？想想看，等到大家都在搶倉庫時，這些物流倉儲公司會不會擺架子、抬高價格或條件呢？當然會！

　　談判時，要盡量避免時間成為談判的壓力。大部分情況下，提早啟動談判模式，可以爭取比較從容的時間。像是公司行號對外各項協議的續約問題，到期日都是可預知的。比如租約三月三十一號到期，房東要求漲價，若能在這之前找到其他地點，就可以在期限前搬家，不然只能摸摸鼻子接受租金調漲。提早啟動談判模式就非常重要，因為時間從容，談判時才不會被迫做很多

讓步。

層次也是談判的時間元素

　　除了前述的時間元素，談判時，雙方說的每句話，不是只要講出來就好，還要講得有效果。差別在於，哪些話要先講，或是先不講？談判的攻防要如何一層一層鋪排，效果最大？這就是層次，是另一個重要的時間元素。

　　談判時，如果手中有四項資訊，不要一開始就全部丟出來，要觀察並等待適合的時機。比方說，這個節骨眼先丟出一項資訊，等到第二階段再釋出另外兩項資訊，最後階段才給出第四項資訊。根據談判的進展，以及對方的態度，決定什麼時候出什麼牌（＝說什麼話），引對方上鉤、點頭，進而減少我方的支出或損失，這就是談判的「層次」，也跟時間息息相關。

　　想說的話，不要一次全部講完，記得留點迴旋空間，包括講慢一點，也是運用時間的技巧。

　　一邊談判，一邊靜下心注意細節，才能掌握談判精緻的一面。包括考慮自己的立場（職務位階高低、問題是否嚴重或急迫等）、雙方的關係（信任或熟悉程度等）、對方的心情（身體狀況，甚至家庭、個人因素造成心情的好壞等），或是外在環境可能存在的變數（某個相關法案

正在研擬或審議、選舉、節慶等），依據這些細節，判斷在什麼時間說什麼話。

建立時間的觀念，談判不敗？

　　關於談判的時間，最後還有一點認知很重要。前面談到掌控開啟談判的時間，以及談判過程的時間層次，這些都會影響談判的結果，但並不是做到這些，談判就一定會有好結果。

　　時間可以是談判成敗的關鍵，也可以是增加談判層次，讓談判變得更立體、更精緻的一個因素。用一個最簡單的時間選擇來說，大家認為一週當中，哪一天最適合談判呢？一般來說，星期六、日是週末，所以不好談；星期五因為靠近週末，心浮氣躁，星期一則太憂鬱，可能也不好談。扣掉一、五、六、日，理想時間就只剩三天，再看自己或對方的狀況，選出一個最好時機。這也可以說是時間元素，因為關係到對方和自己的心情，但不見得是決定談判成敗的關鍵。

04

談判有沒有底線？
什麼是贏與利的標準？

延續前面提到的時間壓力，談判時，我們也可以把時間壓力轉嫁到對方身上。

百貨公司的換季大拍賣就是一個有趣的例子。明明是商家處理季節性商品，必須面臨銷售的時間壓力，但是透過限時拍賣的行銷手法，利用優惠價格吸引客人搶購。結果，買？不買？消費者的心隨著活動的日子倒數，商家的壓力變成了客人的壓力。

有人可能會問：這招要怎麼破？

但我先反問大家：為什麼要破？如果商家出清存貨，代表他贏，但消費者能買到便宜商品，也是贏，這不就是雙贏嗎？如果只是因為不想讓商家的行銷手法成功，抱著不想讓對方贏的心態，堅持不買，但如果是自己需要或想要的東西，沒趁著打折時入手，日後調回原價，卻還是忍不住買了，這是誰的損失呢？

這裡我舉換季大拍賣的例子，並不是鼓勵大家花錢，如果是不需要的東西，當然沒必要因為打折而買。舉這個例子只是幫助

大家思考談判的目的。不是只有坐下來談簽約、講條件，才叫談判，買賣雙方的心理攻防，也是一種無形的談判。

談判的目的到底是什麼？

談判的目的是什麼？是輸或贏嗎？還是我們前面提到的雙贏呢？其實都不是。談判目的並不在於贏，而在於「利」。談判若「贏而無利」，是沒有意義的；反之，談判若「輸而有利」，則是可以接受的。

大家可能會好奇，談判都輸了，怎麼還會有利呢？

一般來講，談判一旦開始，會出現五種結果：

一、按照我方的意思達成協定是「贏」。

二、雙方各讓一步是「和」。

三、按照對方的意思達成協定是「輸」。

四、沒有達成協定是「破」。

五、談判未終結，形成「拖」的局面。

基本上，每一回合的談判，結果都會是上述「贏」「和」「輸」「破」「拖」其中之一。很多人會認為，結果若是「輸」，

就是損利，無論如何都不能接受。事實是不是如此呢？其實未必。**有時候，按照對方的意思達成協定，表面上是輸，但也可能是放長線釣大魚。**

　　過去，政府相關單位跟日本購買焚化爐，日本的價格比歐美便宜幾十億台幣，你不買嗎？就這點來看，日本是輸了。但後來才發現，日本焚化爐的硬體和軟體跟歐美規格不相容，買了日本的焚化爐，後面什麼都得買它的。日本是先求輸誘敵，後面再反攻完勝。所以日本第一回合的輸，並不代表損利。

　　還有，如果我們自己平常就行事隨便，喜歡天馬行空亂想，談判時提出的意見也不如對方成熟周延，這時按照對方的意思做，說不定還會得到更好的結果，這就是「輸而有利」，是可以接受的。

　　反過來說，如果我很強勢，堅持非得按照我的意見不可，可是萬一我提出的意見不是最好的方案，卻為了面子不願妥協、不想輸。最後即便是贏了談判，也未必最有利，這種「贏而無利」，是沒有意義的。

破除底線迷思

　　讓我們再回到換季大拍賣的例子，大家可能都有類似經驗，

剛開始換季時是八折，過陣子可能再降到七折、六折，最後甚至兩折都有可能。以價格來看，兩折絕對最便宜，但消費者會不會等到兩折才買？不一定，因為大家會預測等到兩折時，適合的尺寸、好看的款式或顏色可能都被搶光，所以說不定七折就下手買了。

明知道這個價格並不是對方的底線，還可能再降，為什麼不想等呢？理由除了怕晚了買不到，也可能是七折的價錢已經不錯、符合性價比，只要是自己滿意、可接受的價錢，先買先穿更實在。

由此可知，**買賣雙方的底線不一定是所謂的最低價**。很多談判新手最常問的問題就是：怎麼砍到底線？或是如何得知對手已經讓步到底線？等到江湖闖蕩久了，累積更多的談判經驗後，才會明白底線其實只是一個迷思。就算對方立場真的有底線，這個底線可能也只是畫在沙灘上的，不是刻在石頭上的。

百貨公司週年慶，我們進場血拚。進去之前告訴自己要克制，上限兩千元，但誰能保證看到漂亮或心動的商品還能守住底線？也就是說，底線根本不存在，就算有也守不住，這就是畫在沙灘上的。

曾經有位學生聽到這個說法，跟我打賭，說她去百貨公司買東西絕對能守住底線。方法是：一不帶信用卡，二不帶手機，不能求救，保證守住兩千元的底線。結果，當天她真的守住底線，我才想誇獎真不容易啊！沒想到隔天她還是因為很想買，又返回

去買。理由是某樣東西她之前找了好久，好不容易找到，價格又便宜，為了打賭不買太無聊，最後還是買了。

雖然是課堂趣事，但追根究柢，也證明我們常說的底線，並非不能改變。

想辦法調整對方的底線

談判也是一樣，雙方一開始設定的底線可能也只是畫在沙灘上的。與其拚命想探知對方的底線，想辦法砍到底線，倒不如用更多資訊說服對方，像是強調產品功能，讓對方自己願意調整底線。

既然底線是可以改變的，花時間去了解對方的底線，其實沒什麼意義。

再以賣房為例，如果你是賣方，最初肯定會設定一個底價，低於這個價錢就絕對不賣，這也是所謂的「底線」，是不是也可能改變呢？這要看對方在價格之外，有沒有其他東西可以交換？如果掛鉤加上別的東西，整體考量划算，就不見得非要堅持底線不可。

關於談判的議題（條件）掛鉤，後面章節還會再詳細說明。這裡先讓大家思考，談判到底有沒有底線？當對方拋出其他的東西

到談判桌上時，整體考量就會改變，必須要用另一個思維來評估要不要接受，而不是死守之前預設的底線。

05

如何用議題切割，
爭取談判的交換空間？

　　談判涉及的事物很多，常會用到「trade」這個英文單字。「trade」一般翻譯為貿易，大家應該對它很熟悉。但是講到談判的基本概念，它講的是「交換」，意思是：如果你把這個給我，我就把那個給你。

談判桌上的價格是怎麼來的？

　　我們在談判時，桌上擺的東西絕對不只是「一個」東西，而是「一組」東西。

　　以價格來說，它不是真空存在的。賣方為什麼會定這個價格？背後關係到規格、數量、付款方式、交貨條件，甚至是保固期，全部細節加總起來，最後成為談判桌上的「價格」。

　　站在賣家的立場，當買家問：「能不能以這個價格賣給我？」懂得談判的人，給的答案不是 yes 或 no，而是 if。「如果」要我同意以這個價格成交的話，那麼規格、數量、付款方式、交貨條件，或者相關的保固期限也會有所不同。價格是根據其他條件配套異動，不是單獨存在的。懂得把交易切割成很多部分，可以讓雙方在談判過程中找到交換的空間。

　　很多業務員都用過這招，他們會跟客戶說：「價格真的沒辦法再降，但是我可以讓你把付款期限拉長，本來三個月要付款，可以拉長到五個月，這樣壓力比較小。」

　　這個退一步是什麼意思呢？表示對業務的來說，價格比較重，付款方式比較輕。

　　凡事都有輕重緩急。價格對他來說是 must（必要），但付款方式只是一個 want（想要），所以 must 跟 want 兩者之中，就有了交換的空間。

　　我們常講談判是抓大放小，展開談判之前要先分清楚輕重緩急，切割議題就是幫助釐清大或小，切開之後，才可以進行交換，這個我給你，那個你給我。

何謂贏者不全贏，輸者不全輸？

這裡說的「抓大放小」，不只是談判技巧，更是重要的談判
素養。

大家在談判交涉事情時，常會說「give and take」，表示有拿
有給，藉此要求折衷讓步。意思是，你不能都拿，也要給，留一
點給人家，以後雙方見面還有情分在。

切割議題對談判的強弱雙方都有作用。即使你占了優勢，
是談判桌上的強勢方，也不要全拿，記得留一點給對方。以前面
業務員的例子來說，如何做到「贏者不全贏，輸者不全輸」？業
務員如果守住價格、規格等最重要的部分，不妨在數量、付款方
式、交貨條件或保固期限等方面，適度放寬一點給對方，讓對方
也可以有點成果帶回去交代。

我們常比喻談判全贏是「白馬」，全輸是「黑馬」，拿白馬
不可能，拿黑馬不甘願，所以只能拿斑馬。有拿有給就是斑馬，
這樣的關係才能長久。

美國前總統雷根被誇讚是偉大的溝通家，對此，雷根總是謙
虛回應：「我不是偉大的溝通家，只是溝通偉大的事。」他的意
思是，光會講話沒有用，重要的是要有內容。

雷根為什麼可以在任內成就那麼多事？幕僚分享雷根的談判
哲學，表示雷根從不要求一百分，他的想法是：「如果我拿一百

分，對方就是零分，反彈機率必然很大，萬一來個魚死網破，最後可能什麼都達不到。」

　　所以雷根在許多重大議題的談判，只拿八十分，留二十分給人家，留給對方迴旋的空間，雙方也不傷感情。這樣的胸懷和修養，也讓他留下許多金句，其中最為人熟知的就是「Less is more」（少要一點，成就多一點）。

先有議題切割，才能做到留一點

　　我很喜歡北宋蔡襄的詩，他是政治家，也是書法家，留下許多精彩的詩詞。其中「花未全開月未圓」這句，在我心目中是談判的詩，古人很早就懂得凡事要留一點的道理。

　　當年曾國藩打下太平天國之後，朝廷獎賞曾國藩很多官銜，一般人肯定開心接受，沒想到他竟然歸還兩個官銜給朝廷，此舉令眾人不解，曾國藩即是以這句「花未全開月未圓」表明心意。「月未圓」三個字，講的就是謙卑、留白的美感。不要什麼頭銜、官位都拿走，如果全部東西都拿走，別人還能有什麼呢？凡事記得留白。

　　中國安徽黃山腳下的宏村古民居，現已被聯合國教科文組織列為世界遺產，至今仍保留許多明朝的歷史建築和供水系統。當

中很有名的是半圓形水塘，取名「月沼」。既然是月亮，為什麼不是花好月圓，修建成圓形水池呢？據說祖先即是以蔡襄的詩，期勉後人不忘月未圓的留白哲學。

不只「月未圓」有深意，前半的「花未全開」其實也是談判的意境。大家認為這當中的關鍵字是哪個字呢？很多人回答是「未」，因為花若開了，就沒有什麼好期待的了。這話我只能同意一部分，因為我認為真正的重點在於「全」。

我們到花市買花時，總習慣挑選有花苞的，但可能不會買全是花苞的，會選已經綻開一、兩朵的花束，期待買回家之後，靜候未開的花苞慢慢綻放。談判也是同樣的道理，要先給出一點小利才能吸引對方上桌，這個小利就是已經綻開的幾朵花。

所以，「花未全開月未圓」這七個字，前半「花未全開」表示一個期待，以小利吸引對方；後半「月未圓」表示謙卑與留白，讓對方有東西帶回去。如何實踐？靠的就是議題切割。

談判前，要懂得先將議題切割成不同的部分，一來可以從中找到交換的空間，這可能就是解題的方法。二來也是告訴對方，這當中有 must（必要）＝我非要不可的東西，其他是 want（想要）＝可要可不要的東西，有些甚至是 gift（禮物）＝可無條件釋出的東西。

比起雙贏，談判時，讓對方有點東西可以帶回去交代，避免魚死網破或玉石俱焚，達成協議的機會更大。或許對有些人來講，這難以接受，但兩邊關係要長久維持，需要自我克制。

　　贏者不全贏，輸者不全輸，是談判的素養，也是非常重要的中心思想。

06

如何評估談判場地的利弊得失？

　　前面聊到談判的雙贏、時間元素和議題切割等，關於談判素養及戰略設計的重要觀念。這篇稍微輕鬆一下，換一個有趣的角度看談判，我想跟大家聊一聊談判地點的選擇。

　　上一篇講「贏者不全贏，輸者不全輸」，在談判的戰略設計中，要讓對方回得了家，意思是輸家也要有點成果可以帶回去交代，不至於全部落空。這篇剛好相反，談判地點要選擇一個讓對方回不了家，至少是不容易離開的地方，為什麼呢？

選在對方不容易跑掉的地方？

　　讓對方可以回家，屬於欲擒故縱的談判戰術。實體的談判地點選擇，則是完全不同的概念。人心是浮動的，因此要盡量在讓對方不容易落跑的地方進行談判。試想，如果轉身就能離開，談判過程若有爭執或不愉快，走出去外面招手攔車就可以離場，這

意謂什麼呢？代表談判隨時可能中斷，雙方的心都無法安定下來。

　　所以正式的談判通常會選在交通相對不方便的地方舉行，寧可拉遠一點。要強調一點，這裡說的是「相對」不方便，不是「絕對」不方便。相對不方便的意思是不容易快閃離開，導致談判破局，並不是叫大家把談判安排在偏僻的荒郊野外或崇山峻嶺。真的太偏僻，對方可能也會擔心危險，增加不必要的顧慮。舉例來說，選擇在市郊，就比市中心更合適，不會受到干擾，也減少引人耳目的問題。

沒辦法轉身離開，心自然會定下來

　　這樣的操作在國際談判經常可見。一九八八年東協由印尼出面，跟越南談從柬埔寨撤軍的問題，會議名稱叫做「雅加達非正式會議」，但實際上地點並不在雅加達，而是在雅加達南部大約六十公里的茂物舉辦。

　　茂物當地有漂亮的植物園，在印尼被荷蘭殖民時期，曾是東印度總督的夏宮。選在風景優美的地方談判，固然發揮讓人心情安定的作用，有助於談判氣氛。更重要的一點，茂物距離雅加達車程至少一小時，不是特別遠，但也不是一出門就可以搭飛機離開的程度！這個地點就是相對來說不方便，談判對手不容易跑掉

的地方。

　　其他類似的實例還有許多。像是一九九五年美國在波士尼亞談判時，就選擇俄亥俄州的岱頓空軍基地，把大家拉到空軍基地談判。一九九九年法國在科索沃談判時，也是選擇在巴黎西南郊的古堡進行。共通的特點，除了安靜，不會隨便讓人靠近示威抗議、干擾談判之外，更重要的是，選定的這些談判地點都相對不方便，因為沒辦法轉身就離開，與會者的心自然比較容易定下來。

　　一般商業談判雖然沒有像國際談判這麼複雜，但觀念是相通的。我們可以找一個能讓人放鬆的地方，像是有漂亮的花園、很棒的溫泉、美食……同時距離市區有一點距離，不是非常熱鬧的地方，減少外來干擾。這樣做的好處是什麼呢？在放鬆的情況下，更能集中精神，有助於談判進行。

　　如果沒辦法選擇市郊，非得在市中心不可的時候，建議找腹地大一點的地方，周圍有草坪、花圃，或是其他屏障，盡量避開距離十字路口太近的地點。重大議題的談判，萬一碰上示威抗議，遠離十字路口，就能夠避開雜音干擾，也可以有一些緩衝的安全空間！

談判也有主場優勢？

　　除了建議選擇交通相對不方便的地點之外，再來回答一個大家都想問的問題：到底談判要約在我方的地盤？還是對方的地盤？哪個比較好呢？

　　其實各有利弊。以競賽來說，一般會認為在自己的地盤比較吃香，也就是所謂的主場優勢。商業談判若選在我方的公司，不管是要請示上級、蒐集情報、安排人演雙簧的套路……進行這些事情都很方便。國際談判的時候，還可以避免時差問題。我還聽過外國朋友開玩笑說，選在自己國家談判，萬一生病了，連病歷都容易找到。這些主場優勢，確實可以為談判增添勝算。

　　反過來說，我們如果到人家的地盤談判，變成對方可以演雙簧，他說什麼是什麼，甚至還可以控制場地人員的進出，例如安排會議進行到一半時，忽然有人進來打斷之類的。

　　但深入敵營也不是完全沒好處，我們可以實地看一下對方公司的真實狀況，包括生產線是否忙碌？員工的工作態度如何？藉此猜測對方的業務接單量是多還是少、內部管理是否到位……這些因素也可能會影響雙方的合作。去對方的地盤談判，我們可以藉此機會像海綿一樣吸收大量情報，做為評估談判態勢的依據。

　　既然各有利弊，有人就會說，那乾脆輪流吧！這次去對方公司，下次換我方公司，這樣最公平。雖有道理，但我建議這樣的

輪流不要做得太刻意，如果希望藉由去對方公司達到探聽虛實的目的，如果一開始就講好，便可能摻雜作假場面，失去意義。

那要怎麼做才不會顯得太刻意呢？舉例來說，這次對方表示準備了一些重要資料，約你到他那邊開會談判，下次呢？你也可以表示有些設備希望對方可以多了解，邀請對方過來談。只要不是每次都在對方哪邊，偶爾輪替，自己心裡有個底即可。

選擇中性的第三地點是否最佳？

也有人說，既然選擇雙方的地盤各有利弊的話，乾脆選擇另外的第三地點，是不是更好？場地中立，這樣一來，誰也不吃虧。

當然可以。只不過，「中立」的概念，或是我們可以用「中性」來定義它，並不一定是指雙方的中間，或是國際談判的第三國。舉例來說，我們跟美國人談判做生意，並不是一定得約在其他國家，雙方專程跑到日本去談，才叫做中性。我們還是可以飛到美國，但是不用到對方的公司，可以在下榻處租借臨時的行政辦公室，或是約在飯店的商務中心會談。

加上我們前面提到的，可以約在交通相對不方便的第三地點，甚至跳脫室內空間，相約去打球，在球場談生意，這也算是中性的地點。

地點有歷史包袱，是加分？還是減分？

　　最後，還有一個關於地點選擇的隱性條件——歷史。有些人會迷信談判福地，刻意找公司的起家厝或發跡地，或是過去談判連勝的地點。某種程度，這也可說是心理上的主場優勢，藉此增強我方氣勢，給予對方壓力。就像國際談判在歐洲最常去的地方就是日內瓦的洲際酒店。特殊的背景也是一種歷史包袱，可以借力使力給對方壓力。但別忘了，歷史包袱的壓力也會回到自己身上，萬一在公司發跡地談判，結果不好怎麼辦？會不會很漏氣、沒面子？

　　綜合這些考量，建議地點最好選擇在沒有什麼歷史包袱的地方，排除雙方的壓力，心態可以更輕鬆一點。

07

談判發生需要變數！
如何讓對方點頭坐上談判桌？

　　談判之所以發生，代表有些事情產生「改變」。這是什麼意思呢？道理很簡單，原本雙方沒有談的打算，或者一方想談，但另一方覺得沒有談的必要。可是今天為什麼他們會突然決定要談判呢？是什麼原因讓雙方或其中一方改變主意，願意坐上談判桌？當中肯定有一些變化。

　　是什麼產生改變？我們怎麼發現這些改變？要如何掌握這些改變的契機呢？在學習談判時，這是值得深入思考的重要題目！

變數一：「權力」的改變

　　當雙方的權力出現改變時，談判就可能出現契機。

　　比方說，先前弱勢的一方變強，或是強勢的一方變弱。權力

關係當中的強者原本不想理對方，這時弱者如果有辦法把自己的力量變大，透過結盟或其他方式，像是造勢、議題掛鉤等，就有可能改變權力的天秤！這些談判技巧在後面的章節還會一一詳細介紹。

　　或是其中一方突然引爆衝突，逼對方出來談。引爆衝突是出牌的方式之一，而出牌本身就是權力關係改變的一個象徵。

變數二：「人」的改變

　　人是談判的主角，人改變了，談判戰術自然也會跟著出現變化。

　　「人」的改變有許多種情況。比如說，我們跟某個國家談判，當對方換黨執政，意味著政治立場改變了，整個談判情勢也可能跟著改變。像是本來談成的協議可能新政府不承認了；或者本來陷入僵局、沒有談判的動機，因為換了一個新政府，雙方的關係比較友善，談判因此得以恢復。這是在政治方面，因為談判人選的改變，可能帶來的變化。

　　而一般的企業談判呢？公司對公司的談判也會因為談判人選的改變而出現變數，有時是不得已使然，像是原本負責談判的人突然生病，或是有其他狀況，有時也可能是刻意的安排。

　　舉例來說，公司原本派張三跟對方談，結果陷入僵局。主管考慮到張三的作風強勢凶悍，卻不能奏功，於是想換一個戰術，改派個性溫和的李四上場談判。其實人選的替換只是改變策略的藉口，真正的目的，可能是要調整原本強硬的立場，放寬簽約條件；或是情況相反，打算以更強勢的態度，提高簽約條件。

　　因為談判陷入僵局時，如果雙方談判人選不變，一方突然改變態度並不合理，放低或抬高身段都需要一個台階，人的改變可以將其合理化。

變數三：「態度」的改變

　　延續前面，有時候人選沒變，態度還是會產生改變。這樣的改變多半是內在的想法，甚至會反覆變來變去，可以說是最難偵測的改變。

　　舉例來說，我本來對某個東西完全沒興趣、不想買，結果有一天發現：「咦！身邊的朋友都在用這個東西！」突然覺得自己好像也可以考慮買一個。這樣的態度改變，除非當事人主動說出來，不然外人怎麼會知道？

　　試想，如果你是賣方，你只知道我本來不想買，但我後來又想買了，你會不會知道？當然不知道啊！賣方很可能就錯過買方

態度改變的剎那。說不定這東西對我來說是可有可無，想買的念頭一閃即逝，當衝動冷卻下來，又變回不想要，態度再度改變。這些改變可能發生在很短暫的時間，像是一陣風吹過，根本無從察覺態度的變化。

最好的方法就是「保持接觸」，人選的改變可以看得到，比較簡單，但態度的改變看不到，所以需要保持接觸，不斷發問，才能掌握對方態度改變的契機。包括持續拜訪客戶、發送傳單或優惠訊息。超級業務員的精神是，假如寄給客戶一百張傳單，對方丟了九十九張，但只要有一張留下來，就不算做白工，成功的關鍵在於保持接觸！談判也是如此，唯有保持接觸，才能抓到態度改變的時機。

變數四：「情勢」的改變

再來是跟雙方談判代表比較沒有關係的，屬於外在的情勢改變。

比如說兩岸關係，過去沒有來往是另一個狀況，現在兩岸往來頻繁，有互動往來，就可能會出現犯罪，或是金流，要怎麼處理這些問題呢？需要進一步制定一些規則來維持秩序，像是針對投資保護、共同打擊犯罪等條例的研擬，這些都是因為情勢改變

開啟的談判。

　　因應新的情勢，需要新的安排，也許權力沒有改變、態度沒有改變，但是因為情勢改變，迫使雙方要慢慢修正態度，然後坐下來展開談判。其他像是戰爭爆發、石油危機等，都是屬於情勢改變，推進談判的例子。

變數五：「議題」的改變

　　這跟前述的情勢改變有點近似，有時突然發生一件大事，讓原本不打算談的雙方，非出於自願的，不得不展開談判。

　　在任何國家的國會都曾經出現這種事，可能朝野政黨互看對方不高興，其中一黨說：「我們絕對不跟某黨往來。」談判之門就此關閉。可是突然發生一件大事，關係著整體的命運，例如人質綁架、恐怖攻擊的威脅⋯⋯這時政見不同的各黨還是要合作開啟談判。即使前面講好不談，但議題改變，出現了新的議題，那就非談不可。

　　對於非情願、非主動的談判，要怎麼給一個台階呢？人們很聰明地想出一個說法：「我們不是談判，只是談談看。」用英文來講的話就是「talk about the talk」，來談談有關談判的事。所以美國在跟塔利班接洽如何讓當地境內的美國人撤出阿富汗的問題

時，明明是談判，但美國強調不是談判，只是協調、談事情。當對方是恐怖組織時，也是如此。「我們不是要跟恐怖分子談判，我們從來不跟恐怖分子談判，只是談如何進行人道的探視……」不管說法如何，一旦開始對話，就表示出現一個新的變化。

變，是掌握談判發生的唯一準則

做為談判者，經常當局者迷，不曉得自己為什麼會在局裡面，或是不曉得要觀察什麼改變，以至於糾結談判的時機，上述即幫大家整理不同的情況。

如何掌握談判的時機？追根究柢只有一個字「變」。

不管是態度、權力、人選、情勢，或是議題的改變，只要懂得抓住改變的契機，然後找個下台階說：「我們不是談判，只是談談看。」談判就會開始！

08

為什麼在期限壓力下，
談判比較容易成功？

　　大家應該都有過這樣的經驗，如果商家或百貨公司推出「天天最低價」，即使價格真的很優惠，消費者看了也不會衝動購買。因為天天最低價，今天買或明天買，不都一樣嗎？對消費者來說不會產生「馬上買」的急迫性。但是如果換成「今日快閃，限時二十四小時優惠」，一聽到只有二十四小時，大家搶著買！

期限如何影響人心？

　　消費心理和習慣如此，變得好像商家不做活動，顧客就不上門。於是商家只好配合，週年慶、年中祭、兒童節、開學日、母親節、父親節、耶誕節、新年除舊換新……各種名目的優惠活動應景登場，無非都是為了刺激消費者的購買欲望。

　　顧客也會產生預期心理，本來買一個東西，四月買或五月買都沒有太大差別，可是想到五月有母親節檔期，商家一定會有折扣，除非很急，否則肯定會等到五月再買。如果真的很急，現在就要，可能也只買一個應急，不會買太多，其他的等到五月有折扣時再一次購足分量。

　　「期限」影響人心的例子，不只發生在商業活動，文化展覽活動也有所謂的期限效應。一般來說，巡迴展往往比常態展更有人氣。巡迴展可能只有一個月或兩個月，隨著展期即將結束，就會看到主辦方的社群媒體打出最後一個禮拜、最後一天……看到展期即將結束的消息，民眾會產生「趕快去、趕快去、趕快去！」的內在催促。反觀，博物館裡面的其他常態展，說不定比巡迴展更精彩，或是毫不遜色，可是民眾會想：「哎呀！常態展一直都會在，要看隨時可以看，之後再找時間就好。」

　　讓我們回到談判的主題，談判不可能永無止盡地談下去，總有一個期限。為什麼我們會說，有期限的談判，比較容易達成協議呢？背後的理由是什麼？

期限壓力可以創造稀有性，推進談判

　　談判有時談著談著會卡住，就像車子開著開著，沒油了，或

是陷入沙坑裡，開不動，這時該怎麼辦呢？方法之一，就是在後面推他，增加對方不跟你談判的成本，施以推力！或是在前面拉他，增加對方跟你談的效益，給予拉力！

期限壓力就是屬於施以推力的戰術之一。讓對方知道時間很重要，要在期限之前趕快達成協議。但這只是理論的一個部分，關於推和拉的談判理論及運用，後面的章節還會一一說明，這裡先談談期限的作用。

以商業談判來講，期限壓力創造稀有性的價值，因為錯過期限就買不到了，人心都是厭惡損失的。就像商品促銷活動，今天不買的話，明天就沒有折扣了。有些折扣甚至是階梯式的，比如說，現在買是五折，明天調高到六折，再過幾天調高到七折……最後回到原價。顧客會想：「天啊！之後就回到原價了，現在買比較划算，趕快買！」

給出一個期限，才有機會創造稀有性，給予談判推力。

期限提供談判讓步的理由，增加成功的可能

人在面臨期限壓力的時候，比較容易讓步，為什麼呢？因為沒有時間了，才能夠為自己的讓步合理化，找到讓步的理由，這點很重要！

比如簽約時，對方要求達成協議的前提是，你要答應某個條件，否則他就不簽，硬把他的條件塞進來。如果百分之百按照我方的條件是一百分的話，接納對方的條件，就只剩下七十五分。但是我們為什麼要讓步呢？因為對方的要求是，如果不接受額外的條件，他就不簽。眼看期限要到了，不簽就破局，破局是零分。這時，你面對的不是一百分和七十五分的選擇，而是七十五分和零分的選擇。怎麼辦呢？只好簽了！

回頭要怎麼跟老闆解釋你的讓步？「老闆，因為沒有時間了，我兩害相權取其輕，才接受他的條件。不過您放心，明年再續約的時候，我肯定會想辦法把這部分排除⋯⋯」有了期限壓力，你的讓步就有了理由，可以跟老闆交代，也增加談判成功的可能。

期限會降低期待值，提高達成協議的機會

最後一個原因很簡單，就是——我沒有時間了。

舉例來說，小店或小攤老闆每天一早開門做生意的時候，一定都是滿懷期待，希望今天會有很多顧客上門，不太可能一早就在考慮打折、買一送一的賠本促銷。但是等著、等著，等了一天都乏人問津，眼看就要打烊了，整天都沒有客人上門，這下業績可能掛蛋。

　　這時候，客人突然出現，他有沒有機會討價還價呢？肯定有，因為老闆原本的堅持已經慢慢鬆動，他可能會想：「如果我堅持要賺一百元的話，萬一客人不買，轉頭就走，今天豈不是白忙一場？說不定這是今天唯一的客人，只賺八十元也行，總比業績掛零好吧？」眼看沒有時間了，他可能會說服自己少賺一點，沒魚，蝦也好。

　　在期限壓力之下，通常人的要求也會降低。一旦要求降低，就比較容易妥協，達成協議的機會也會提高。

時間站在誰的一邊？

　　期限有助於談判達成協議，因此在談判的時候，要學會如何給對方一個期限，並且判斷時間站在誰的一邊。

　　「如果在這個期限之前，沒有達成協議，我方的情況會越來越好，還是越來越壞？」如果時間不在我這邊，我就面臨期限的壓力，得趕快先達成協議，不然就糟糕了。

　　至於期限如何設定，以及給予期限壓力的技巧，我們後面會再慢慢談。

09
談判桌上的信任從何而來？

　　大家可能或多或少都有過這樣的經驗，交涉談判時，內心會出現問號，不確定對方到底能不能談。這種不確定的感覺，是因為缺乏信任嗎？

　　以過去上課時碰到的提問為例，從事網路行銷公司的老闆，服務項目是透過公司的平台行銷，協助客戶推廣產品，包括跨境的國際行銷。由於結單的時間比較長，前期需要投入、建置，逐步建立品牌知名度，可能要超過一年的時間才會看見具體成果。

　　問題是，雙方合作進展到第九個月時，推算時程，即將面臨洽談續約的時間點。如何在努力了一半，還未正式取得成果的時候，跟客戶要求希望續約呢？站在客戶的角度，他付了一年的錢，現在還沒看見具體成果，那他為什麼要跟你續約呢？

　　這裡面牽涉到一個關鍵點，就是信任。你要客戶繼續把錢投進來，就需要他的信任，客戶得信任你，相信你有這個能力。

信任跟談判之間是否有直接關係？

　　談判是否需要信任？在回答這個問題之前，讓我們先看看談判的發生有哪些基本條件：

　　一、必須創造僵局，或是事情自然發展成僵局，雙方對這個僵局都無法容忍，非解決不可。

　　二、面對問題左思右想，雙方體認到任何一方都無法單靠自己的力量解決這個僵局。

　　三、雙方都同意透過談判是可能解決問題的，也就是對方是談得通的。談判並不是上桌投降，而是坐下來談，或許努力一下能夠談出一個結果，這個結果會比現在的處境更好。

　　前兩個條件是不談判的「成本」，第三個條件是談判的「效益」。不管是成本，還是效益，這當中都沒有提到信任。因為面對一個非解決不可的僵局，就算不信任對方，也只能展開談判。

　　極端一點的狀況像是面對綁匪、叛軍，如果一定要先有信任才能談判，怎麼談？所以說，談判會不會發生，源頭其實跟信任沒有關係。

所有的大 yes 都是小 yes 堆積出來的

　　然而，一旦談判發生，就跟信任很有關係了。在談判的過程中必須逐漸累積互信，讓對方相信你會履行諾言。

　　建議在談判的時候，先談一點小東西，達成協議以後，盡快將協議付諸實現，藉此證明自己會履行承諾，取信對方。所有的大 yes 都是小 yes 堆積出來的，透過小協議的實現，建立信心，累積好感之後，再談大一點的，實現大協議之後，累積更多的信任，再談更大的。

　　就算不是合作關係，而是威逼、利誘、嚇阻的對立關係，也需要對方的信任。如同《孫子兵法》所講的「不戰而屈人之兵」，為什麼可以做到不戰而屈人之兵？對方必須相信我的威脅，我只要瞪一眼，對方就相信如果自己真的做了什麼事，我必然會給予非常嚴厲的報復。處於對立的雙方，只要能夠讓對方相信自己，就不需要把威逼、利誘、嚇阻都付諸實現，可以省很多事。

　　相反的，如果對方不相信我的話，每件事都要付諸實現，對方才會當真，這樣會把自己弄得很累。即使目的是要威逼、嚇阻對方，前提也需要互信，或者是說，要讓對方相信你做得到。

利益重疊，關係才能長久

至於達成協議之後，要怎麼相信對方會履行諾言？即使對方拍胸脯掛保證，但有時候還是會存疑擔憂。

如果對方過去擁有良好的商譽和聲望，可能比較容易取信於人。但碰到第一次合作的對象呢？或者對方是新公司、新單位？就算對方一再強調會履行，我就可以相信他嗎？

問題又回到成本和效益，我們要進一步了解，對方和自己達成協議有沒有好處。若對方明顯是有好處的，我就相信他應該會認真執行協議，履行諾言。就算對方說這對他沒好處，一切都是為了我，這種話千萬不要相信。

談判時，任何人都一樣，沒有人會犧牲自己的利益，只是為了對方而履行諾言，這是不合理的期待。我們也不要誤以為強調這一切都是為了對方，對方就會相信。相反的，要適時讓對方知道，履行協議對我方也有好處，這麼做更能取信於對方，相信你會努力做到。

此外，有些人可能會在達成協議後突然反悔，該如何因應？那就要增加反悔的成本。如果對方願意付出反悔的成本，也只能認了。提高違約成本，也是談判的互信基礎之一。

對方想反悔時，得先思考違約的成本，如果成本太高，還不如乾脆履行諾言。**重疊的利益才是彼此關係能否黏著、長久維持**

的關鍵。

如何克服贏家的詛咒？

　　談判還有一種常見現象，在達成協議的時候，出現所謂「贏家的詛咒」。達成協議，贏得自己想要的東西，卻覺得自己被詛咒了！為什麼這麼說呢？

　　這個微妙的心理，以拍賣為例來說明，大家會更容易了解。拍賣競價時，當拍賣官高喊著兩千元一次、兩千元兩次、兩千元三次，最後拍板以兩千元得標。得標的買家當然高興，但高興只有第一秒，第二秒定睛環顧四周，別人都到哪兒去了？為什麼只有自己衝到最前面？當我出價兩千元時，如果先前有人還喊一千九百九十九元的話，我會覺得很過癮，因為我只多出價一點點，結果我贏了！可是如果都沒有人出價的話呢？贏家會產生自我懷疑，覺得自己是不是被騙了？買貴了？

　　這個心態就是「贏家的詛咒」，在達成協議的時候，往往會擔憂自己會不會被對方騙了。如何克服贏家詛咒呢？怎麼做才會安心，相信自己沒有被騙？其中一個癥結在於資訊的不對等，當買方資訊不對等的時候，就很難相信賣方。信任則是另一個層面，如何在資訊不對等的情況下，相信對方沒有占我便宜？

　　一般在商業合作時，想破除贏家詛咒的心理障礙，通常會找有品牌的公司。理由是，有品牌的一方會愛惜羽毛，尊重自己好不容易累積出來的聲譽。即使不認識產品，但是我們相信對方公司的招牌。這也是為什麼「品牌」很重要，因為雙方還沒有建立互信關係，在缺乏資訊的情況下，會傾向選擇相信對方過去累積的聲譽。

信任不是天上掉下來的，需要慢慢累積

　　回到本章一開始提到的網路行銷公司，想跟客戶順利續約，該怎麼做？如果這是第一個案子，快一年都還沒辦法結單，要客戶繼續把錢投進來，真的有點勉強，除非他真的相信你是一個不錯的人。但相信你是一個誠信的人，不等於相信你們公司有能力。

　　建議在談大案子之前，還是先從小案子逐漸累積，有具體的成績端出來，客戶才會相信你。

　　剛開始肯定比較困難，不要好大喜功，只想做大案子，大案子可能得花很長的時間才能結單。可以的話，先做幾個成功的小案子，但也不能永遠只做小案子，這樣公司會被定位在只能做小案子。必須一步步累積公司的經驗、聲望，以及在這一行的能量，再爭取做大案子。

　　國際的商業往來更是如此，尤其是想跟日本人合作。我身邊一位經常接觸日商的企業家就曾經分享他的經驗，想跟日本企業合作，總是要先往來兩、三年，逐漸累積信任，一旦對你產生信任，後面的案子就很容易推進。但是如果蓄意欺騙，踐踏了信任，就沒有以後了。

　　建立信任並不容易，努力維持客戶的信任，雖然不是談判發生的必要條件，卻是談判過程，以及建立長久合作關係的重要關鍵。

10
談判時，對方氣勢很強怎麼辦？

　　談判開始之初，雙方也會互相觀察彼此，如果對方一看就氣勢很強，或是樣子很凶、作風強悍，我方氣勢較弱，談判代表看起來很溫和，好像比拚不過人家的樣子，該怎麼辦呢？

　　先問問各位，大家覺得談判時氣勢有沒有用？我認為答案是肯定的。我喜歡在課堂推薦學生閱讀宮本武藏的《五輪書》，這位日本的傳奇人物，既是劍術家，也是兵法家，書中「地、水、火、風、空」五卷，正是兵法、刀法的精髓。包括跟敵人對決時，要先拉高身心的層次，然後還要轟轟轟地發出聲音，用聲音氣勢震懾住對方。武術兵法如此，談判也是同理。

先聲奪人，敢想、敢要、敢得到

　　我們說談判一開局就要拉高氣勢，震懾住對方。拉高的方式有兩種，一種是很凶的拉高，提出大要求，另一種則是溫和的拉

高。兩者有何不同？

　　美國前總統川普最喜歡講 think big，意思也是先聲奪人，敢想、敢要、敢得到。先拉高氣勢，提出大要求，然後開高走低，這是談判常用的方法。

　　但是拉高、開高，不一定要很凶，也可以是溫和而堅定地提出訴求。萬一碰到對方還沒開始談判就咄咄逼人地殺價，也不用太害怕，擔心自己還沒開始談判就輸了氣勢。因為開高只是一個 game（遊戲），你不用勉強自己也跟著裝凶，只要靜靜等對方演完，再跟他說：「如果你這麼凶，我們就沒辦法談了。」對方自然會修正態度。

　　理由很簡單，試想一下，如果對方真的像他表現的那麼強勢，完全無所求，那他根本不需要跟你談。他為什麼願意坐下來談？表示你手中肯定有他想要的東西，你的手上是有籌碼的。

依照位階或外型、性格，選擇適合的人設

　　談判時，有個慣用原則是根據位階採取「下黑上白」，這話怎麼說呢？上面的長官扮白臉演好人，底下的人扮黑臉演壞人。好人全給長官當，最後也是由長官收場，面子都給長官，這是一個戰術。

　　當然也可以相反，部屬去談判時扮白臉，假裝有黑臉在公司，現場很溫和地把對方提出的要求帶回公司，等到下次見面時，再告知對方沒辦法同意，甚至進一步解釋因為對方提出的嚴苛要求，讓自己回去之後被主管責罵了，以苦肉計換取同情，緩減對方被回絕的不快。這種隱形的黑臉，是另一種面對強勢要求的對應方式，這裡先不多說，留待後面的章節再進一步說明。

　　有時不講位階，也會看外型或性格來決定談判時的人設，例如有的人天生性格溫和，扮黑臉也沒說服力；或是有人天生武將氣場、相貌魁梧，扮黑臉根本不需要「化妝」，自帶威嚴。安排談判腳本時，不妨也依照各自的外型與性格，選擇適合的人設。

談判氣勢靠的是專業，不是脾氣

　　我們說談判時可以把氣勢拉高，但不是說你一定要這樣做。你還是可以很溫和，但是立場堅定。因為真正的談判氣勢，靠的是專業，不是脾氣。不用硬扮黑臉，也可以穩得住場面。

　　講到氣勢，人們經常會搞混，以為談判時要開高、立場強硬，就等於態度要很凶。事實上，態度跟立場之間可能有差距，要先釐清這個概念。

　　舉例來說，談判桌上，如果對方知道我方陣營內有知名律師

或領域專家，呈現出有備而來的專業氣勢，即使不善言辭，相信也不會被輕易糊弄，這就是「專家的力量」。氣勢有用，但不見得拍桌、大小聲才是氣勢，專業也是氣勢。

同理對方，不等於同意對方

　　如果不是商業談判，而是勞資談判，或是客訴問題的談判呢？尤其是客訴問題，常常客戶很凶、氣勢很強，一肚子氣要發洩，這時如果像前面說的，等他把戲演完，然後告訴對方這樣沒辦法談，客戶聽了只會更生氣、更凶。這種時候就不適合冷處理，而是要有同理心，表現出能夠理解對方的感受。

　　請注意，同理對方的感受，不等於同意對方的行為。如果對方提出的要求實在辦不到，還是要說明雖然這辦不到，但可以用另一個方式處理。這也是談判常用的方式，**不說 yes，也不說 no，而是提出對案。**

　　特別是服務業在處理客訴問題時，必須先表現出同理對方的感受，不能冷處理。客人的情緒被冷處理，可能會引發更多的狀況。等到安撫完情緒之後，再提出解決問題的方式。

第 2 章

生活中的談判，無所不在

01　跳槽、辭職、求職的談判關鍵為何？

02　非買到不可！避免落入弱勢的談判關鍵？

03　如果對方無欲則剛，要怎麼談？

04　我怎麼知道對方要什麼？

05　如何做到軟硬兼施？

06　我就是沒籌碼怎麼辦？如何創造籌碼？

07　如何讓步讓得有價值？

08　對方開價高，但我還是想買，怎麼辦？

01

跳槽、辭職、求職的
談判關鍵爲何？

　　進入第二章，關於生活中的談判，我想先從每個人都可能會
面對的工作情境切入，以談判的角度來看跳槽、辭職、求職的關
鍵點。

展開談判前，先想清楚自己要什麼

　　辭職和跳槽（求職）的談判，一個是出，一個是進，辭職是要
跟老闆談如何出去，跳槽則是要談如何進去。不管是進還是出，
關鍵都在於：「我為什麼要跳槽？」「我為什麼辭職？」想清楚
真正的原因、自己要什麼之後，才能展開談判。

　　聽起來好像很容易，實際並不盡然。舉個在職班學生的實
例，他因為跟老闆一言不合，越想越生氣，半夜傳 LINE 給老闆

說：「我不幹了！」隔天也主動跟我講了這件事，我順勢引導他進一步思考：「你真的要辭職嗎？」

他說：「當然是啊！」

我再提問：「如果你真的要辭職也沒什麼好挽回的，既然準備走人，其實你不用跟我說，直接就走了嘛！但你把這件事情跟我說，表示心裡其實有坎、有疙瘩。是不是這樣呢？」

聽我這麼說，他才透露因為老闆的做法不對，希望老闆能夠改變。

重點來了，辭職的動作牽涉了幾個問題：你到底要什麼？是要一個東西（加薪、升職等）要不到，還是想做一件事但老闆沒批准，你要什麼呢？

一般來講，會半夜傳 LINE 給老闆提離職的人，表示自認為還有一點分量，所以這個辭職動作也有點勒索的意味。你賭老闆不會讓你走，因為公司沒有你不行。但是以老闆的立場，公司絕對不會因為一個員工離職而倒閉啊！更何況人家是老闆，你是夥計，要老闆改變做法，倒不如先改變自己的想法更容易！

提出辭職是開啟談判的起手式動作，先問自己要什麼，才不會意氣用事。就算是爭一口氣，也要做好準備才可以耍帥。

如果老闆批准了！你準備好沒有？

　　任何人遞出辭呈的時候，都要做好心理準備，如果老闆真的批准了，你是否就可以走人？我經常開玩笑跟學生講，將來辭職千萬不要呈書面辭呈，寧可先口頭提出來。因為提了書面辭呈，老闆跟你關係好的時候不批，難保過兩年你得罪他、彼此關係惡化，說不定哪天就突然說：「那個，我批了。」但你可能早就忘了這檔事。除非是吃了秤砣鐵了心要走，如果只是撒嬌或表態，千萬不要遞書面辭呈。

　　再以前面學生的例子來說，如果老闆開口慰留，提出加薪呢？要不要留下？如果留下，本來提離職是因為理念不同，結果卻變成只是要求加薪的手段，豈不是讓人家看破手腳嗎？如果真的是為了理念，老闆沒有改變做法，就算加薪也不接受慰留才有風骨。

　　如果老闆又改變做法、又加薪呢？有這樣的老闆真好，但我建議還是不要接受加薪，這樣才能證明你是坦蕩的、誠懇的，以後提出來的建言或請求比較會被看重，因為你這個人說話有信用。

工作含金量是談判的籌碼

　　我喜歡跟在職學生聊工作，我問大家平常在公司裡面有沒有幫忙其他單位什麼事？大部分同學都會說：「老師！我樂於助人，在公司人緣很好。」我再具體詢問是幫忙些什麼呢？有人說我幫大家買便當、買珍珠奶茶、買咖啡……我當然不反對這樣的友善幫忙，但我必須說，這樣的幫忙沒有含金量。

　　在公司裡，要累積加薪，或是談判的籌碼，平常就要盡量給予具備技術和專業含量的幫忙，這樣在跟老闆談判提出要求的時候，才有籌碼。千萬不要表現得「你沒有我也行」，這樣就像空氣，存在感不足；也不能拿翹，表現得「你沒有我不行」，老闆會有被威脅的感覺！

　　那要怎麼辦呢？

　　答案是「中庸」！有的時候這事情我需要他幫忙，有的時候那事情他希望我協助，彼此互相需要，這樣子雙方就離不開了，對吧？

跳槽是「問題」還是「議題」？

　　若用英文來講談判，常會區分是「problem」（問題）還是「issue」（議題）。

　　通常我們將共同面對的問題歸類為「problem」，所以會講「problem solving」，解決問題。如果是議題呢？代表事情在雙方的中間，我們必須要爭奪，最後可能是一方贏、一方輸。

　　當你跟老闆說：「不加薪我就跳槽。」「不改變做法我就離職。」這是「議題」。但是如果你跟老闆提出因為家人生病，或是小孩考上私立大學，學費比較高，有經濟壓力，所以不得不離職去爭取更好的薪資，離開只是想解決眼前的財務困境，這是「問題」。

　　把跳槽（辭職）變成是雙方要共同面對的問題，情況會有什麼不同呢？如果加薪（升職）會更努力工作，老闆會不會同意呢？如果沒辦法加薪，公司可不可能轉而提供助學金或助學貸款呢？有時候因為加薪會改變薪資結構，可能不符公司規定，但還是有其他辦法，像是以津貼的方式給予額外收入。

不談「薪資」，談「待遇」

　　前面提到的幾個重點，談判對象都是原來舊公司的老闆，但是跳槽還有另一個談判對象——未來新公司的老闆。

　　同樣也是要想清楚自己為什麼要跳槽，是要薪資？要舞台？還是要一個前景？如果是年輕人，可能想要比較高的薪資，即使沒有比較高的薪資，但如果公司有完整的培訓計畫，能夠在這邊獲得成長也可以。如果是中年人，跳槽可能是想要舞台，希望自己的能力能夠有所發揮。

　　中年人求職或跳槽，千萬不要跟老闆說：「我是來學習的。」這句話只適用於年輕人。因為如果我是老闆，聽到中年求職者這麼說會很納悶：為什麼要付那麼高的薪水讓你來學習？你為什麼不在別的公司練好本事再來我這裡貢獻？中年求職者在面談時要強調自己的經驗，可以為新公司的團隊帶來什麼樣的綜效，能夠為公司創造更大的遠景、更多的可能性。

　　談薪水的時候，也不能光談「薪資」，而是要談「待遇」。因為「待遇」是綜合條件，可以這部分多一點，那部分少一點，每一部分都是可以交換的。

　　特別是中年人跳槽時，如果對自己的能力很有信心，不妨用階梯式的方式談薪水。意思是，你幫公司創造多少利潤，未來薪水也按比例增加。加薪的前提是你先幫公司帶來更多業績，對方

就不會覺得你的要求過分。另一方面，你也沒有把自己的薪水設上限，而是隨著創造的利潤無限增加。

如果能將「加薪」跟「為公司創造的利潤」這兩者綁在一起，表示你對自己的能力和新公司都很有信心。我若是這家公司的老闆或主管，自然會考慮雇用你。

那麼，在面試新工作時，要怎麼談判，才能得到更多自己想要的條件？又要如何避免出錯牌呢？

求職時，如何提出要求？

換工作時，還是要先問自己：我是想進入這家新公司？還是只想離開舊公司？

如果是被挖角，或是心中已鎖定某家公司，考量的重點會是待遇、發展、商業模式等是否適合自己。這種情況下，要求的條件會很多，因為希望全部都能在這家公司得到。如果只是想離開舊公司，想趕快閃人，最在乎的並不是跳槽到哪家公司，那麼你的選擇其實更多。因為沒有特定目標，不管是 A 公司、B 公司、C 公司都可以，對方只要符合自己的部分條件，可能就行了。

談判時，通常會先講「貢獻」，讓對方知道自己可以提供什麼好處（交換條件），這點也適用新工作的面談。老闆要雇用一個

新人，最在乎的一定是這個新人能夠為公司帶來什麼貢獻。他是否了解我們公司在做什麼？加入之後能夠為公司帶來什麼？這些是雇主最重視的部分，也是展開談判的前提。所以求職面談時，在提出要求之前，要先講自己能給出什麼。

如果沒辦法具體提出貢獻，至少要先調查一下，了解這家公司在做什麼、公司的規模、經營的路線、未來的方向、產品特色、商業模式等等。若有不了解的地方，可以在面談時提問，表現出自己對公司產品的興趣，讓對方覺得跟你有話聊。

說得直白一點，要先讓新東家上鉤，讓對方先喜歡你，心裡想著要雇用你了，後面你再提出要求時，他自然會有比較高的機率答應或配合！

是不是出錯牌了？

大家可能會說，這有什麼難的？這裡再分享一個學生的真實經驗。他被獵頭公司看上，想介紹他到另一家公司，這家公司的主管打電話來跟他聊聊，提到若有機會加入，想派他到海外擔任公司的海外代表。我學生一聽，表示對海外代表這個機會很感興趣，馬上興奮地詢問：「公司會幫忙辦理海外居留權嗎？」沒想到講完這句話之後，對方的反應轉為冷淡，通話也草草結束。過

了二十幾天，這件事也沒有下文，他緊張地寫信問我，是不是自己在跟對方談判的時候說錯話、出錯牌了？

我們從前面談到的幾個重點來檢視這個例子。為什麼想跳槽換工作？以這個學生的狀況來說，他並不是因為想離開舊公司，也不是特別想進入這家新公司，他只是喜歡海外代表這個職務。也就是說，如果叫他跳槽到新公司，但不是海外代表，仍然留在本地上班的話，他就不會想跳槽了。因為太在乎海外代表這個職務，所以急著先提出要求：希望公司幫忙辦理海外居留權。

再來，談判要先講貢獻。他還沒有表現對公司的興趣，表達他的加入對公司有什麼好處，就先關心自己的海外居留權問題，表現得太急切了，容易讓對方覺得自私。所以這張牌當然是出錯了。

其實就算他不主動詢問，如果談判順利，拿到這個工作機會之後，對方肯定也會協助辦理海外居留權。

避免太早進入談判的高潮點

延續前面的例子，我們來假設另一個情況。假設對方發現他最在乎的是海外居留權，主動提出：「我們想聘你擔任海外代表，你放心，我們會幫你辦理海外居留權。」他一聽很高興，心情鬆

懈下來，後面再談待遇或其他福利，可能就比較不在意了。

談判會出現一個高潮點，就是在得到自己最想要的東西以後，其他便不在乎，也就是所謂「過去所得，足以彌補今後可能所失」。一旦取得最主要的東西，後面談什麼都無所謂。

以這個例子來說，對方同意協助處理海外居留權，讓他很高興，沉浸在外派生活的想像，後面再談待遇或其他福利，都說「好、好、好」，因為擔心說「不」的話，破局怎麼辦？海外代表的夢也碎了。但實際上，其他條件包括薪資、福利、津貼，以及教育訓練等等，才是真正影響生活的關鍵！

我經常提醒大家，求職談判，自己的福利要自己爭取。反過來，如果對方真的決定要聘僱你為他們公司效力，自然會幫你辦理海外居留權，因為辦理海外居留權對他們公司有利，也是必要的程序。

談判時，如果我們提出來的要求只是我自己關切的，跟對方沒什麼關係，或是他看不出你關切的問題對他有什麼好處，他當然就意興闌珊，不想談了。所以**你的關切是一回事，談什麼又是另外一回事**，這點非常重要。

出錯牌還可以補救嗎？

　　聽完我的分析，這位出錯牌的同學很沮喪地問：「老師！我該怎麼辦？」

　　我跟他說：「如果你真的想把握這個機會，就主動打電話回去啊！不要怕丟臉，你可以跟對方講：上次談話之後，你查了很多資料，對他們公司的商業模式非常感興趣，以你過去的經驗、海外人脈，相信可以對公司有所貢獻、拓展海外業績……」

　　對方沒有繼續連絡，我們猜想可能是自己講錯話、得罪人、他對我沒興趣……但這些都只是猜想，也許事實並非如此，還有其他各種的可能性。也許對方公司最近有其他事情在忙，也許對方生病或家裡有事……存在太多的可能性，所以不要用猜的，直接打電話回去重啟談話。

　　包括商業談判在內的大大小小談判，很多案例都是在談判破局之後，重新出現轉機。雙方已經談完了，彼此也卸下心防，輸的一方如果態度誠懇，以低姿態請對方指點問題所在，說不定還有機會再提報一次。因為你是輸家，對方也不必再提防著你。我聽過太多原本談判失敗、破局的案子敗部復活的例子。

02
非買到不可！
避免落入弱勢的談判關鍵？

　　談判時，如果覺得非買到不可，心理方面就先輸了，很難進行有效談判。一旦被對方察覺，等於被抓到弱點，只能任人宰割。即使沒有學過談判，大家也懂得這個道理。

誰比較有勝算？

　　特別在兩種情境下，這個心理作用尤其明顯。

　　第一種是，甲、乙雙方站在同一邊，競爭同一個標的物，甲是非搶到不可，乙則是可有可無。在這種情況下，甲最後多半會順心拿到想要的東西，雖然可能得付出更多的代價，像是時間或金錢。站在乙的角度呢？乙並沒有那麼在意這個東西，看到甲那麼拚命，甚至不惜代價，多半會選擇放棄，不跟他爭了。所以在

雙方競爭的遊戲中，非要不可的人，通常在最後會勝出。

　　另一種情況是，甲、乙雙方處於對立面，比方說買賣，買方甲是非買到不可，賣方乙就處於優勢地位，可以隨心所欲地操控價格和條件，因為他知道甲方無法脫離這個局面。甲在這種情況下是處於劣勢的，若乙任意操縱局勢，即使甲最後拿到想要的東西，可能也是虧損慘重。

　　相信大家在生活中的買賣交易多少也碰過類似情況。你可能會說，擺明會吃虧的事情，要避免有什麼困難？

不識廬山真面目，只緣身在此山中

　　然而，事情並沒有那麼簡單，當自己是當事人時，反而會瞻前顧後，看不出其中的關鍵和細節。很多時候，我們在談判桌上，並沒有自己想像的那麼強勢，或是那麼弱勢，但本人可能不知道這點。我常用「不識廬山真面目，只緣身在此山中」來形容局中人可能會有的盲點。

　　若自己難以客觀看待情勢時，不妨找一位客觀的第三方來幫忙，協助我們看清情勢，提供新的觀點和建議，點出可能忽略或未曾考慮到的籌碼，或許就能夠幫助自己走出鑽牛角尖的處境。

　　我們容易低估或高估自己的能力，其他人的觀點可以適時調

整我們對談判雙方的強弱認定。有了第三方的建議和肯定增強信心，當事人也會更有勇氣面對和解決問題。

　　不過，局外人的建議也不能盡信，還是要持保留態度。因為局外人雖然更客觀，但終究不完全了解當事人面臨的情況，有時候提出來的建言可能聽起來像是在說風涼話，這就是局內人和局外人的差別。

到底是誰比較急？

　　說了半天，大家可能還是難以體會其中的微妙，這裡分享一個買房議價的例子。我一個學生想買下他家對門的房子，他原本已經有一間房子了，只是對門剛好要賣，若成功買下，將來兩間打通，空間更寬敞。他心想，這個機會確實難得，以後不一定還能碰上。問題是，他的出價和對方的賣價，中間相差一百五十萬。因為對方一直釋出「如果你不買的話，還會有其他人買」的訊息。他斟酌是否加錢，以及加多少才有勝算，於是問我該怎麼辦。我告訴他，十之八九沒有其他人。

　　為什麼我會這麼說呢？其實是我自己吃虧學來的經驗。多年前，我想租間辦公室，房東催促我趕快決定，不然他下午就要跟別人簽約了。當時我認為這是話術，肯定沒這個人，決定不理

會，沒想到下午真的租出去了。

　　後來反思一下，我判斷錯誤的關鍵，藏在房東說話的細節裡面。當時真的有這個人，因為他是說：「我下午就要跟別人簽約了。」假如沒有這個人，房東只是想逼我行動，他多半只會說：「如果你不租，還有好多人等著租，說不定很快就會租給別人了。」房東這麼說時可能沒有自覺，但他講不出到底什麼時候要簽約，只是說很快就會租給別人了，這種很可能就是假的。如果房東說今天下午就要租給別人了，這可是一翻兩瞪眼的事，可能就是真的。

　　雖然不是百分之百，情況也會因為雙方的關係深淺而不同，但從對方說話的內容，以及連繫的頻繁程度，大概可以猜得出是不是真的有另一個競爭對手。

　　我告訴學生，現在價格有差距，不妨再等等，觀望一下。觀望什麼呢？觀望是否真的有其他人感興趣，以及賣方是否急於賣房。

　　後來他進一步打聽到，對門要賣房的七十多歲老太太是嘉義人，打算賣掉台北的房子，回鄉養老。聽說嘉義那邊的房子即將交屋，需要付款。這下子，台北和嘉義，原本無關的兩件事產生關連，誰比較心急，誰更需要錢，這會牽動到談判的發展。

談判的掛勾和連結，如何互相影響？

　　兩個談判產生連動，在談判中稱為 linkage（掛鉤、連結），可以分為議題掛鉤和談判連結。

　　「議題掛鉤」是指將兩個議題掛在一起談，如果你給我 A，我就給你 B；或者如果你不給我 A，我就不給你 B。「談判連結」則是指不同的談判之間產生關連，即一個談判的結果會影響到另一個談判。在這個案例中，屬於談判連結，賣方在台北和嘉義兩地都有房產談判，而這兩個談判的結果可能會相互影響。

　　單獨一場談判的情況，當賣方完全不願意降價，買方會擔心如果不立即買下，會被其他人搶走。但如果是談判連結，情勢也會有所不同。賣方除了台北賣房的談判，還有嘉義買房的談判，這時考慮的就不僅是一場談判，而是兩場談判的節奏和時間。如果買方拖延時間，說不定賣方就會做出讓步，但也可能不會。

　　這時就要回頭思考一個更為關鍵的問題，我問學生：「你是否非買下這間房子不可？」

　　如果因為沒有加價一百五十萬，最後房子賣給別人，對於這個結果會不會感到後悔？如果不會後悔，就不需要加價。如果會懊悔：要是當初多花一百五十萬買下對面多好……甚至到晚年還為此捶胸頓足，那麼就可以考慮加價，因為花掉的一百五十萬，再努力賺回來就行。

你到底要什麼？

　　一位哥倫比亞大學教授在教談判時，提到一個有趣的例子。收到浴室裝修的報價，如果高於預算，大家首先想到的肯定是：如何砍價？再來是檢討需求：若刪減一些不必要的裝修，價格會不會下降？這是一般人會有的兩個思考方式，一是砍價，二是檢討自己的需求。

　　但是他提出第三種思考：**你到底要什麼？**也就是目的是什麼。

　　如果裝修浴室是為了出售房子，花這筆錢等於是投資，這時就要判斷，如果聘請名師設計、添加一些華麗的設備，這些讓費用增加的因素是否有助於房屋銷售？費用能否回收？

　　如果裝修的目的是希望自己和下一代住得舒服，費用能否回收就不是重點。只有弄清楚自己要什麼，才能決定要投資多少錢。

　　回到這篇的主題，「非買到不可」的心理，可能會讓你在談判中成為弱勢。因為你越想要，就越不敢殺價，越怕破局，最終失去籌碼，也失去勝算。即使拿到想要的東西，可能也付出了更多的代價。

　　再來，思考自己非買到不可背後真正的目的是什麼？**想清楚自己真正要什麼，有助於建立談判時的心理素質。**

03
如果對方無欲則剛，要怎麼談？

　　前一篇我們講「非買到不可」，這篇剛好相反，遇到對方什麼都不要的時候，這種情況下該怎麼開啟談判呢？

　　談判時，一般會針對雙方的籌碼進行三個基本的分類：什麼是「must」（必要）？什麼是「want」（想要）？或是「gift」（禮物）？

　　簡單來說，「must」是非要不可的東西，沒得到它，你就不可能簽字；「want」是可要可不要的東西；至於「gift」，則是可以彈性釋出買交情的。

察顏觀色，找到談判的驅動力

　　談判之所以發生，需要幾個條件，其中之一是動機，這個動機可能是利益、要求。雙方或至少一方，必須有一些利益牽涉在裡面：我想得到什麼？希望對方做什麼？先有動機，才有談判的

動力！

　　問題來了，如果對方根本沒有「want」，更別說「must」，完全不需要我手上的任何東西，怎麼辦？我們常講的無欲則剛，個性「佛系」的人，什麼都不要，或是什麼都可以，這時該怎麼辦呢？

　　早年到澳門旅行時，會碰到很多從四川來的人兜售中藥材，開口閉口都是他這個藥材很好、很珍貴！沒生病的人，聽到耳朵裡大概就剩下兩個字「好貴」。但兜售藥材的人多半懂得察顏觀色，會找年紀大一點，或是氣色、體力差一點的推銷遊說，情況可能就不同了。

　　雖說購買欲是可以被勾起來的，但成功的前提，多半還是觀察或調查對方的需要。否則不管東西有多好，如果對方真的不需要的話，購買機率依舊很低。在這種情況下，第一個要提醒大家的觀念是：你是否接收到對方的需要？是否了解他需要什麼？

　　除此之外，還有一些談判技巧可以運用，幫助你找到談判的驅動力。

技巧一：找到參考座標

　　第一個方法是找到參考座標，這是什麼意思呢？以前國外有

家知名的珠寶公司，刊登過一則廣告，圖片是漂亮的項鍊，下面配一行文案：「整修廚房就留到明年吧！」換言之，它在跟消費者喊話：你可能準備了很多錢，計畫今年要整修廚房，或是做其他事情，但那些事情都不急，戴上漂亮的項鍊比較重要！廚房問題可以再等等。

　　廣告沒有明講珠寶有多好，只是加上一句話：「整修廚房就留到明年吧！」這裡的「整修廚房」就是參考座標。消費者原本沒有要買項鍊的，想的可能是整修廚房或是做其他事情，但珠寶公司運用「比較」的手法，為自己要推銷的東西找到具體的參考座標。

　　談判也是如此，對於原本沒有動機的人，不妨運用技巧換句話說：「如果是我的話，我願意用全部的家產來交換。」「如果是我的話，不會錯過這個千載難逢的投資標的。」或者「我是買不起，但以您的格局，這是九牛一毛，現在買下來，說不定將來會增值。」

技巧二：找到其他掛鉤

　　如果談議題 A，對方沒興趣，我們也就找不到可以談的籌碼。這時必須增加籌碼，找到其他的東西掛進來一起談，說不定

對方在議題 B 上會需要你手上的東西。

可能談議題 A，我比較弱勢，因為有求於對方。但是談議題 B 和議題 C，對方比較弱勢，因為有求於我。這時候就可以換一個方法談判，如果你給我 A，我就給你 B 或 C；或是如果你不給我 A，我就不給你 B、不給你 C。

這種戰術叫做「議題掛鉤」。一旦找到可以交換的東西，就有了談判的空間。

技巧三：等待適合的時機

有時候要或不要，跟時間有關。也許對方現在真的什麼都不要，沒有任何的 want，但那也只是「現在」，以後可不一定啊。

我曾經到某家超商幫加盟店主上課，學員跟我分享一個很有意思的例子。他一開始鎖定一家傳統雜貨店，店面位置很好，公司想用每個月六萬元跟雜貨店老闆承租，但老闆說什麼都不答應。理由是，雜貨店每個月的獲利比六萬多，賠本的事他當然不做。

但這個加盟店主並沒有放棄，三天兩頭就去拜訪，陪老闆喝茶、聊天。沒多久，老闆生病住院，雜貨店鐵門拉下來，不能做生意了。他到醫院探望，也藉機提出建議：「您每天顧店，把身

體累壞，也不能帶孫子出去玩。如果租給我們開超商，時間就多出來了！生活品質會更好，更重要的是，附近房價會增值！將來您留給子孫的，就不是一間店面，而是一間有價值的店面！」

這番話，老先生以前沒生病的時候聽不進去，現在情況不同了，自然會認真考慮。「要」或「不要」，都是可能改變的，需要等待適合的時機。

技巧四：籌碼是多樣性的

我們常講，會吵的小孩有糖吃。小孩跟媽媽談判哪有什麼籌碼可言啊？媽媽也不需要小孩為她做什麼，或是給她什麼。但是小孩哭的時候呢？這時媽媽需要小孩做什麼？沒錯，就是不哭！

很多人會說自己手上沒有任何籌碼，該怎麼辦呢？那是因為把籌碼想的太單純，什麼叫籌碼？籌碼是多樣性的！不是只有具體的東西，資訊也可能是籌碼，或是其他喜好，甚至行為。

只要用心研究，花時間觀察，許多間接的行為、權力都可能會冒出來。比方說，你可能有什麼資訊是對方感興趣的，或是你可以在公文流程上做什麼樣的配合或協助。這些「行為」都可能有助於讓對方產生談判的動機。

技巧五：找到間接的籌碼

雖然我跟對方談不出什麼，但說不定能夠影響他的人，像是他的好友、同事、爸媽或配偶，可能需要我手上的某樣東西。運用這項間接的籌碼，我就可以讓他們去影響對方。

雖然甲對乙沒有籌碼，但是甲對丙有籌碼，於是甲影響丙，讓丙幫忙影響乙，最後談判還是成了！借力使力，也是一個思考方式。

技巧六：提供更多的可行性

什麼叫可行性？比方說，你今天想賣我一樣東西，我嘴上表示不想要、不需要，但說不定背後的原因，是因為這筆錢我有別的用途，而不是完全不想要。

這時，如果提供我更多的可行性，像是零利率分期付款，原本得一次拿出大筆錢，現在只要每次付一點點，影響不大，我就可能重新考慮，這就是可行性。

技巧七：加強曝光，增加知名度

最後一點，推銷任何東西之前，要盡量讓這樣東西具有一定的知名度。舉例來說，新品上市，業務員推銷時，如果大家完全沒有聽過這東西，什麼都搞不懂的情況下，成交機率一定很低。

相反的，公司如果提早規畫密集的宣傳曝光，報紙、電視上都看得到，產品資訊不斷曝光的結果，即使是之前沒有用過的東西，也會因為覺得現在好像很流行、大家都在用，自己是不是也試試看呢？

加強曝光，帶來知名度和口碑，往往會讓人主動產生想試試看的動機。

以上幾點，大家都記起來了嗎？對方缺乏動機的時候，說服時多運用「比較」或「掛鉤」，談 A 不行，那就把 B 或 C 也掛進來。除了等待時機，也要了解籌碼的多樣性，資訊、行為，都可以彈性運用。此外，找第三方做為槓桿，或是提供更多的可行性。最後一點，將想要說服別人的東西密集曝光，透過洗腦產生「want」。

04

我怎麼知道對方要什麼？

　　談判時，除了得釐清自己要什麼之外，也得知道對方要什麼，才能順利展開。但我怎麼知道對方要什麼呢？這裡提供三個大方向，供大家參考。

做足功課，預測對方的需求

　　這包括了解對方產業的整體發展和走向，以及對方公司的財務狀況。以科技公司為例，如果想升級設備，對方可能會需要我方提供什麼樣的技術服務？或是從公開的報表了解對方的財務狀況，進一步判斷現階段什麼樣的提案條件比較有機會談成？

　　除了財務報表這類公開的資訊，實地勘察也是一個方式。前面我們提到談判的地點選擇，很多時候談判者不喜歡到對方的地盤，但其實深入對方的陣地也有優點，可以觀察對方的設備是新是舊？有幾條產線在運作？忙不忙？員工組成是年輕人居多，還

是資深者為主？這些在現場都可以得到初步的了解，彙整之後也有助於推測對方的需求。

說到這裡，穿插個題外話，有些公司在進行談判時，除了業務、採購人員之外，還會有研發工程師同行。原本他們扮演的角色，應該是告訴對方產業的未來發展，如果要升級到下一個階段需要什麼樣的技術，我方公司的技術剛好符合這樣的需求。可惜很多時候，主導談判的業務或主管，僅將工程人員視為資料庫，指派去查詢對方的設備規格、機型等細節，實在很可惜。

善用工程師的專業，在談判場合讓對方了解產業的整體發展和走向，藉此提升自己的重要性。換句話說，若能讓對方明白彼此不是談判對手，而是共同成長的夥伴，對於談判的推進也會產生一定的作用。

提出不同方案進行試探

談判時，有時候我們提出方案的目的，不是提供資訊，而是希望透過提出方案，觀察對方的反應，進一步獲取對方的資訊。比方說，丟出第一版的方案之後，若對方針對價格部分提出疑問，我們就可以順勢提出第二版的方案，可能是用規格換價格，或是用數量換價格、用付款方式換價格。

　　意思是，如果對方在意的是價格，那麼規格能否降低一點呢？我們要試探對方到底是想要價格，還是想要規格。同樣道理，數量、付款方式，像是頭尾款的比例、支票效期、放帳日期等等，都是有彈性的。談判時要懂得用各種不同的方案，試探對方真正在意的關鍵，找到對方要什麼。

談判桌上的望、聞、問、切

　　一般我在講談判的時候，不會過度強調肢體語言，因為若花費太多時間觀察對方的表情和肢體動作，可能會忘記專注在談判桌上真正重要的事情，捨本逐末。

　　但這並不是要大家完全不看肢體語言，有些動作是明顯可見的，還是可以參考。像是談話時，若對方的眼球往上看天花板，這表示什麼？表示他正在思考，這時就要暫停提供新資訊，因為他正在處理我們剛才給的資訊，根本聽不進新資訊。這時建議你放慢腳步，重複剛才的內容，讓他慢慢消化。

　　或是在試探的過程裡面，你發現對方內部討論的時間變多，甚至還有點爭執，中間出現叫停的狀況，這意味著，你提出的方案可能很貼近他們原來的底線，也就是他們最想要、最在乎的東西，所以他們內部才會有爭執。

外國學者還提出一個很有意思的觀察，跟亞洲人談判時，特別是中國人，如果發現談判的過程中，對方參與談判的層級變高，領導開始加入，表示這個方案被接受的機會非常高。

這些就是談判桌上的「望、聞、問、切」。要眼觀四面、耳聽八方，懂得看對方的反應跟肢體語言。對方內部是被動、沉默，還是積極討論？有沒有更高層級的主管參與進來？這些觀察都可以進一步推論出對方真正想要的東西。

摸清楚底線之後，有沒有可能改變底線呢？

前面章節提過談判的底線，這裡我們再複習一下。找到對方想要的東西，是否代表摸到了對方的底線？假設對方有底線，這個底線是固定不變，還是可能改變的呢？

另一個可能是，會不會對方根本不知道自己要什麼？他可能只是道聽途說獲得一項資訊，就在談判桌上針對這個問題跟你糾結半天。這時候，我們有沒有辦法引導他思考現階段真正的需要？比方說，對方糾結在價格時，可以告訴他價格不重要，重要的是規格。貪便宜買低階設備不見得有益，高階規格雖然價格高一點，但是性價比更好，更符合未來的發展需要。展現專業，用準備好的資訊說服對方，進而改變他的底線。

　　談判過程中，除了用前述幾種方法去試探對方底線（最想要、最在乎的東西）之外，**也要懂得帶領並引導對方，讓他改變自己的底線，這才是談判的真諦。**

　　如果用了各種方法去試探，還是找不到底線，沒把握對方到底想要什麼，也沒關係。只要在過程中能夠打動對方的心，說服對方，就有可能改變原來的底線，或是創造出新的需求。

05

如何做到軟硬兼施？

　　談判其實是一種權力遊戲，誰有求於誰？要看你有多少底氣，才可以操作軟硬兼施的戰術。底氣不夠的話，只能摸摸鼻子採取低姿態。

　　回想我剛回台灣，在學校教課時，年輕學生沒耐心聽理論，常會要求：「老師，我們想直接學戰術。」

　　我會半開玩笑地說：「現在教了，你也不見得能用上啊！」

　　這話不是看輕初學者，而是希望同學先累積足夠的知識素養和經驗。有了可以跟對方「交換」的東西之後，談判戰術的運用就有意思了。

找到價格之外可以交換的東西

　　我們以生活中最常見的買賣為例，如果談判的議題是希望賣方降價，你首先要知道，賣方為什麼漲價？是因為成本不斷飆

升，為求存活，不漲價的話就會賠錢？還是他的產品在市場上特別受歡迎，大家都想買，也就是所謂的「賣方市場」？在賣方市場，有太多買方追著賣方搶購，賣方漲價是為了以價制量，所以他不可能降價給你，因為後面排了一大堆人等著付錢。

前者關係到存亡，要改變對方的底線比較困難；後者看似賣方是強勢的一方，但在眾多買方之中，他不見得只看誰出價最高，也會同時考量其他條件。

還有一種可能是，雖然賣方不具備強勢的條件，但他覺得自己可以要要看，成就成，不成就算了。碰到這種情形，我們就直接拒絕，讓他知道我們是不可能答應的。

如果對方開的價格很高，我們無法在價格上滿足他，就要依賴其他的條件，引導他去看價錢以外的東西。

我常舉租房子為例，因為是大家都可能會有的經驗。租房子的時候，如果在地段熱門，但是預算有限的情況下，經常會碰釘子，但機會還是有的。房東不認識你，也不信任你，一開始開的租金高，但在持續敲門詢問的過程中，這些都可能改變，而讓談判有了轉機。所以我們應該想辦法找到價格之外可以拿出來交換的東西，像是資訊或服務，來提升好感度，慢慢讓對方的立場鬆動，降低他的要求。

運用議題掛鉤進行交換

　　談判講的不是「求」，而是「換」。如果要對方降價，你可以拿什麼換？

　　公司之間的業務談判也是如此，軟硬的拿捏，就在於找出可以壓制對方的項目。比方說，旺季看數量、淡季看付款方式，總要有東西可以讓對方帶回去，不然他為什麼要讓步降價？唯有找出對方有求於你的東西，你才可能採取軟硬兼施的戰術。

　　延續前面提過的議題掛鉤，談判時我們要有自知之明，知道哪些議題是自己的強項，哪些是弱項。今天你有求於他，希望他讓給你，這是你的弱項，這時就要懂得把你的強項掛進來，讓對方知道如果這次讓給你，下次你可以在什麼地方幫他。或者是說，如果他今天選擇不讓，下次碰到市場緊張時，你就沒有立場說服你的老闆幫他了。這就是軟硬兼施的掛鉤戰術，想辦法找到自己的強勢議題，將它放到談判桌上。

給自己設一個停損點

　　萬一你實在找不到可以交換的強勢議題，對方又堅持漲價，

這時該怎麼辦？不妨回頭想清楚一個問題：今天這東西是不是一定要跟他買？能不能不買？如果非買不可，談判的目的是要「買到」，還是要「低價買到」？

釐清問題之後，就得要給自己設一個停損點，想辦法自行吸收，或是調高售價，讓終端客戶一起來分攤成本。

若你的答案是不一定要買，或是不一定要跟他買，對方提出的強硬要求，不管是漲價或其他不合理要求，他可能也只是要要看。這時你只要強硬拒絕，表示自己沒有能力、沒有預算，或是不符合制度或法律，讓對方知難而退，也是一個方法。

利用行為的不一致，讓柔軟不被解讀為示弱

除了議題掛鉤，還有一種讓步方式也可以做到「軟而不弱」。舉例來說，雙方要談四個議題，我在第二個議題讓步，這是我的柔軟，可是我不希望柔軟被解讀為示弱。柔軟讓步只是我的行為，但對方若因此以為我很弱，就會變成我的形象，影響後續的談判態勢。

要避免行為導致偏差的形象，就必須斬斷兩者之間的關係。如何切斷行為與形象之間的連繫？最簡單的方式是：**讓你的行為不一致。**

　　你在第二個議題讓步，立場有了破口，導致對方認為你既然讓步，表示你很在乎這個案子，因此預期後面可能還會再讓步。但沒想到談到第三個議題時，你非常強硬，甚至不惜談判破裂。

　　談判行為前後不一致，對方就很難有所依據。當你過去的行為沒辦法讓對方做為之後的預測參考時，你的軟就不會被認為是弱了，軟和弱之間的關係就此斬斷。

06
我就是沒籌碼怎麼辦？
如何創造籌碼？

　　沒籌碼怎麼辦？談判初學者對於這個問題特別掛心。因為在一般人的認知裡面，沒籌碼就等於沒勝算，坐上談判桌等於是打一場註定要輸的仗。但事實上，談判之所以發生，代表任何一方都有所求，**你以為自己沒有籌碼，其實只是還沒找到對方想要的東西而已。**

　　這篇為大家整理幾個方法，幫助各位找到或創造出可以運用的談判籌碼。

方法一：加入與議題本身無關的其他籌碼

　　第一招是議題掛鉤，我們前面已經陸續提到很多次，這裡簡單複習一下。**議題掛鉤，就是加東西進來談判，增加籌碼。**

原本談 A 議題的時候你沒有籌碼，怎麼辦？不妨把 B 議題拉進來，可能就變成對方有求於你了。最常見的就是把兩個議題掛在一起談，如果你給我 A，我就給你 B；或者如果你不給我 A，我就不給你 B。

方法二：站在對方的角度加壓或加碼

常有人問我：「老師，我很有誠意，但為什麼對方不願意跟我談呢？」

不好意思，我要直說這個問題本身就是錯的，問題不應該是「他為什麼不跟你談」，而是「他為什麼要跟你談」。

大家還記得吧？第一章我們提到談判之所以發生，是因為雙方認知到假如不談的話，付出的成本太大，或是看到談判的效益，有好處當然可談。所以，對方不想談，就代表不談對他沒什麼損失，談了對他也沒什麼好處。

這時候就需要進行「說服」，從成本和效益的角度說服對方。增加他不談的成本，這個方式叫「加壓」，或者增加談判的效益，這個方式叫「加碼」。加壓是把對方往談判桌上「推」，加碼是把對方往桌上「拉」，一推一拉之間，就創造了談判的條件。

問題是，如果居於弱勢，手邊沒有籌碼可以加壓或加碼，該

怎麼辦？

　　讓我們重新檢視這個理論的重點：對方談或不談，關鍵在於不談的成本或談了可以帶來的效益。大家發現巧妙之處了嗎？這裡並沒有規定成本的加壓或效益的加碼，只能是另一方給予，也可能是出自第三方。

　　如果對方堅持不跟我談，雖然我沒辦法增加他不談的成本，懲罰不了他，但他可能同時也在談其他項目，其他談判對象看到他的現實無情，說不定也會有所警惕，從而中止跟他的談判。表面看起來，我是沒有籌碼，但可以藉由這樣的間接影響點醒對方，他這麼做也會打擊到自己的聲望，阻礙日後的業務拓展。

　　不談的成本不必然出自我方，也可以出自外界第三方。同樣道理，跟我談的效益也不見得是我給的，可能是別人給的。

　　雖然跟我談沒辦法提高利益，但對形象與聲望有幫助。因為我的品管要求嚴格是有名的，能夠跟我配合是加分，將來跟別人談判時也有機會拉高身價，最後是從別人那裡得到好處。

　　不管是加壓或加碼，站在對方的角度去進行說服，讓他願意坐下來談，這是沒有籌碼時的第二種談判方法。

方法三：找到槓桿，借力使力

延續前面的方式，沒有籌碼怎麼加壓或加碼？這時就要找槓桿，找到可以借力使力的對象。今天我跟對方談判沒有籌碼，那麼，有沒有別人可以影響他呢？

我要跟張三談，但我對張三沒有籌碼，環顧四周，發現李四對張三有籌碼，李四擁有一些東西是張三要的。所以我可以先跟李四談，讓他一些，或者跟他建立交情，再透過李四去影響張三。

所以**談判要看局，就是看棋盤上有多少下棋的人**。在這個局裡面，你不是只跟對方談，而是看局裡面能否找到槓桿，找到李四，借力使力，改變原本跟張三談判的權力態勢。

籌碼來自你所處的局

過去我曾接觸過一家電子公司，他們跟 Nokia 談判，按現實面來看，Nokia 很強勢，台灣這方籌碼不多。但是說也奇怪，Nokia 並沒有刁難，談判進行得很順利。

業務很高興，但是也很納悶，他問我：「老師！為什麼對方沒有提出嚴苛的條件？」

我提醒他一個很重要的原因：「可能對你來講，Nokia 是你的唯一，但對 Nokia 來講，你不是他的唯一。」

對方可能還有供應商二、供應商三，有時候，留著你是要利用你去牽制供應商二和供應商三。任何有採購經驗的人都知道，手邊絕不會只剩下一個供應商，這樣風險太大了。即使供應商在你面前鞠躬哈腰、非常謙卑，等到他發現自己是唯一，你非他不可的時候，氣勢就不一樣了。

也就是說，這家台灣電子公司的談判籌碼不是來自自己，而是來自他所處的買賣雙方的局。在那個局裡面，他有了籌碼、有了槓桿。

很多時候，以為自己沒有籌碼，感到緊張，是因為你只看著談判桌上的東西，沒看到更大的局裡面，其實有可以運用的人或資源，能夠增加籌碼，扭轉不利的態勢。

為什麼你還留在談判桌上？

如果前面幾個方式都用了，還是找不到任何籌碼，怎麼辦？這時建議先問問自己：為什麼你還留在談判桌上？為什麼你還要談？

這個問題可能有點殘酷，但千萬不能逃避。有人會說，因為

生產線必須完整；或是認為，即使今天沒談成，但說不定將來時機到了，還是有機會；或是擔心，萬一撤離不談，競爭對手介入怎麼辦？日後市場若翻轉，想再進場可能不容易，所以繼續撐著是為了卡位。

不管是為了生產線的完整、等待更好的時機，還是為了卡位，你還願意留在談判桌上，一定有原因，而這個原因你必須非常清楚。

如果想了半天，你連為什麼要繼續談都不清楚，只是傻傻地硬撐，讓籌碼不斷地消耗，對個人或公司都不是一件好事。這時就建議你找到適合的停損點，破局撤出吧！保留實力，日後再另起談判，方是正途。

07

如何讓步讓得有價值？

　　講談判，少不了讓步這個主題，因為談判本來就是一個交換讓步的過程。在一般人的認知裡面，讓步等於示弱、吃虧，等於輸。

　　但在談判理論裡面，讓步的人有時也是贏家，裡面學問很多，有不少眉角。

　　接下來，我們將花點時間探究談判的讓步哲學。告訴大家如何讓步讓得漂亮，讓得有價值，從而收穫回報！

「我讓你」≠「我幫你」

　　東方傳統思維是教大家「施恩不望報」，幫助別人之後，不應該期望對方回報。

　　過去我上課時，有個學生跟我說：「幫了別人就應該不求回報，對方可以再把這份善意傳出去。」

我說：「如果今天我讓步，對方承諾把這份善意傳出去，這在談判來說，等於是交換『承諾』，還是一種交換。」

但談判講的「我讓你」跟「我幫你」不一樣。我幫你，可能不需要付出太多代價。可是我讓你，可能得付出代價，甚至承擔風險。即使沒有代價或風險，也是給了對方想要的東西，當然同時也拿到了自己想要的。

很多人捨不得讓步，即使最後拿到想要的東西，比如訂單，也是唉唉叫，覺得自己是被逼著讓步才拿到訂單。讓步的自己是吃虧的一方，對方是贏家，對方將來會不會回報我的讓步？也很難講。

只是大家有沒有想過，如果讓步之後能得到訂單，換個角度看，訂單就是一種回報。我們講協議是「你讓一步，我讓一步」，對方把訂單給了我，表示我也換到了一個東西，這也可以視為回報。

凸顯讓步背後的意義和價值

差別在那裡？差別在於，對方知不知道這個讓步背後的意義和價值！說不定站在對方的立場，給我訂單這個決定，他也認為自己是在讓步。

　　所以我經常告訴學生，談判讓步時，一定要記得強調自己是如何排除萬難、說服長官，在非常困難的情況下，做了很多努力才爭取這個讓步。

　　將自己的讓步凸顯出價值，然後補一句：「因為這回的讓步，已經付出很多代價或承擔相當大的風險，所以只能讓到這裡為止，後面不可能再讓了。」

　　如果我們的讓步看起來完全沒有風險，沒有什麼損失，對方可能會認為這個讓步不值錢，後面還會等待我們繼續讓。

　　所以，**要適度表達自己是非常辛苦、非常努力，才能給出這樣的讓步，進而要求或暗示對方回報，讓關係平衡。**

　　對方也會依據我們是否要求回報，判斷我方是不是「真讓步」。

如何讓對方相信自己是「真讓步」？

　　讓步還有真假？當然有，後面我們還會再進一步說明，這裡先提一點。

　　根據談判理論，如何讓對方相信自己是「真讓步」？意思是讓對方相信我們的讓步背後確實付出了代價，並且承擔了一定的風險。

方法之一是，**適度要求對方回報**。這個是人性，也是一種心理學。對方會認為，你既然敢開口要回報，代表讓步這個決定，肯定造成了你的一些損失，所以你才會想要回一些補償。

不過，因為各國對於讓步的文化認知不同，談判時還是要懂得拿捏細節。

比方說，美國人談判讓步時，即使不見得馬上要求回報，但是會直白地告訴對方：「這回是我讓步，你欠我一份情，下次記得要還我。」

當然，實際談判的人可能不會講得如此直接粗暴，但心態確實是如此，散發出來的氛圍也是這樣。西方人談判，習慣你讓一步，我回一步，你讓一步，我回一步。透過不斷地溝通和讓步，雙方立場逐漸趨近。

問題是，這招在東方不太適用。特別是中國人，原因跟前面提到「施恩不望報」的傳統思維有關。東方人認為讓步是一種幫忙，幫助別人之後，不應該期望對方回報。心態上比較傾向是「知恩圖報」，你讓給我，我會回報，不用你提醒。

所以東方人在談判時，不太喜歡對方開口閉口提醒「你欠我一份情」。客戶如果聽到這種話，通常會覺得反感、覺得很有壓力。

中國人談判多半是在原地踏步，看著對方讓步。先要求對方讓一步，再要求讓第二步、第三步，不斷施壓，直到看到對方的底線。確定對方沒辦法再讓步之後，若這個底線是可以接受的，

中國人就會馬上表明成交。也就是說，中國人也會讓步，但只讓最後一次。

透過「預告」，每一次讓步都換東西回來

　　東方思維是：「我會回報你的善意，但不要強調我欠你一份情，沒人受得了這種壓力。」

　　這點讓美國人跟中國人談判時，經常感到挫折，因為美國人理想的談判過程是交換讓步。可是到了東方世界，不管是台灣或中國大陸，尤其是中國大陸，幾乎沒有美國人習見的「交換讓步」環節。

　　問題來了，讓步之後，如果不能營造出「你欠我一份情，日後記得要回報」的默契，豈不是白讓了嗎？

　　這裡提供大家一個折衷的方式——「**先講**」。**讓步時，我們自己先點出我方的讓步。**

　　你可以跟對方說：「為了維持雙方關係，讓合作往前推進，我可以回去跟老闆建議不追加這項要求。可是，如果我回去跟老闆建議放棄要求，你們是不是也能做出對等的讓步，讓合作往前推進呢？」

　　這操作背後真正的涵義是：我方還沒正式放棄要求，我也沒

直接說你欠我一份情，而是預告我準備這麼做。

如果對方回應：「好啊，你先回去講，如果成，當然我們也可以讓一點。」這就達成交換讓步。

把交換讓步的步驟程序做得細緻、更有效果，透過「預告」的方式，每一次讓步都換東西回來，絕對不要浪費了我們的讓步。

讓步也講究門當戶對？

最後，算是一個小提醒。談判講究門當戶對，讓步也要讓給對的人。怎麼說？因為**只有讓步給對的人，才能換到你想要的東西**。

比方說，對方的層級必須能接觸到上層的長官、老闆，或是跟你有交情，你的讓步才有意義。對方可以當下回報，或是記得你曾給了他一個好處，下次再找機會回報你。

如果你讓步的對象層級太低，或是交情不夠，笑納了你的讓步，但是沒跟上頭報告，對方公司不會知道他們欠你一份情。你的讓步很可能就像是打水漂，白白浪費了。

如果只有單方讓，是好還是壞？

　　談判時如果都是我方讓步，這樣好嗎？乍看這個問題，答案當然是不好。為什麼？因為如果只有單方讓步，叫做「片面讓步」，無異於投降。

　　可是有些談判戰術會運用到片面讓步，是不是表示這並不完全是壞事呢？以下就來一一探討，單方讓步會出現在那些狀況下，再來判斷這究竟是好是壞。

狀況一：用讓步試探對方

　　買賣時，這樣的讓步經常出現。舉例來說，賣家開價一百元，潛在買家搖頭說 no，但是人沒走開；於是賣家試試看喊九十元，對方嘴巴上說 no，人依舊沒走；這時賣家再喊價八十元⋯⋯既然對方留下來，代表有機會成交，賣家就用這個方式試探對方什麼價格能接受。賣家的底線可能是七十五元，或是更低，只要不賠錢就好。

　　事實上，這不是一個聰明的做法。因為當你從一百元讓到九十、八十，甚至到七十五元，每一次讓步，都讓買方產生疑慮：「天啊！原來你留了那麼大的利潤迴旋空間。要是我一開始就買單沒殺價，你豈不是賺很大？這樣可不行！」

賣方認為讓步可以吸引買方最後掏錢買單，於是用自己的底線試探對方的底線，反而讓買方產生疑慮，無法放心交易。這樣的讓步當然不好。

狀況二：希望換來回報

很多人在談判時會有一種迷思，認為人心是肉做的，我讓步給你，就算你沒有馬上回報，但只要我持續讓步，總有一天會得到回報。

嚴格來說，這個想法是有理論依據的。心理學家指出，人確實會將回報對方的善意視為是應該的，要是沒有回報，人會不自覺地花時間解釋原因，目的是合理化自己的行為。當你發現對方刻意花時間跟力氣解釋沒有回報的理由，試圖合理化自己的行為時，恰恰證明他內心抱持的真正想法是「回報是應該的」。這是心理學關於回報的理論。

既然人會將回報視為應該，談判只要不斷讓步，總會換來對方被誠意感動，最後給予回報吧？可惜這只是一廂情願的想法，在談判桌持續讓步並不會感動對方。你不斷讓步，對方只會雙手抱胸觀望，不只如此，甚至會進一步加壓，確定你已經讓到底線，他才會說：「好！我接受。」

狀況三：誘敵深入

聽到這裡，單方面一味地讓步，可說一點好處都沒有啊！為什麼會說讓步有時候也是一種戰術呢？

有種情況叫誘敵深入。前期不斷讓步，讓對方覺得有機會達成協定，開始對結果產生期待，甚至私下展開布局運作，投資更多的時間或金錢，或是跟長官誇下海口邀功，最後你改變策略，態度轉為強硬，對方可能也捨不得或沒辦法抽身走人或換人。

再舉一個跟談判沒有實質關係，但其實也是讓雙方達成協定的讓步戰術。很多銀行推出新的信用卡時，會送贈品、積點、積分，讓你越刷越多，有了忠誠度之後，就算優惠取消，回饋變少了，可能也捨不得或懶得換別家的信用卡。

很多新的軟體或服務剛問世時也是如此。一開始讓消費者免費使用，提供各種回饋方案，等到大家都用習慣了，甚至在裡面建立、存放各種資料之後，突然改成要收費。這下子，本來開心免費使用的消費者，就得傷腦筋精算各種成本，是要繼續付費使用，還是花時間更換其他？費用是有形的成本，時間則是無形的成本。

這種情況的片面讓步、不求回報，其實是策略性的，為的是誘敵深入。將讓步累積到一定程度，最後一次要一筆大的回報。

狀況四：先破後立

　　還有一種情況，是談判戰術講的「先破後立」。我先提出一個要求，對方拒絕；我再提出另一個要求，對方再拒絕；我再提出第三個要求……這樣來來回回，對方可能會把我不斷收回提案的動作視為一種讓步，最後說：「好吧，我答應你。」但從頭到尾，我真正要的東西其實就是最後一個提案。

　　看起來是我一再讓步，多次配合對方提出新案，表現出：「我真的很在乎這個案子！希望能談成。就算你一直拒絕，我還是沒走開。」對方可能會因此認為他的要求有受到重視，或是被我的誠意打動，最後點頭答應。但沒想到，最後的提案才是我真正要的東西。這種戰術叫做「先破後立」。

　　要特別提醒大家一個重點，採取這個方式時，**要記得保留「方案的間距」**。

　　什麼是間距？意思是說，第一個方案被拒絕之後，不能馬上提第二個，要過一段時間，再提出第二個。目的是讓對方知道，第一個方案被拒絕之後，你是如何說服主管與同事，努力在內部形成新的共識，才有這第二個方案。萬一對方又拒絕，同樣要保留一點間距，表示你得花更多的時間與力氣排除萬難，才有這第三個方案。

　　每個方案中間保留一點間距，用「間距」來告訴對方讓步的困難，表達方案之得來不易！也就是前面一篇提到的，要凸顯讓

步的價值。

　　我從第一個方案讓到第二個，再讓到第三個，都是我在讓步，加上時間元素，也就是時間的間距，凸顯這個讓步的得來不易，對方才會重視，進而考慮接受這個讓步。如果對方最後接受的第三個方案，也是我真正要的東西，這個先破後立的戰術，雖然都是我單方面在讓步，但是讓得很漂亮。

談判讓步必須有目的、有章法

　　看了以上四種不同的狀況，回到最初的問題：談判時如果都是我方讓步，這樣好嗎？答案是：有時候好，有時候不好。

　　關鍵在於，即使都是單方面在讓步，也必須讓得有目的、有章法。清楚為何而讓？要讓多少？注意控制中間的時間間距，只要做到這些，就算是一直讓步，也能守住底線。

08

對方開價高，
但我還是想買，怎麼辦？

買方或採購常碰到一個困境：對方開價高，但我非買不可，怎麼辦？

在前面篇章，我們提到可以用議題切割和議題掛鉤的方式，例如改變付款方式（縮短票期、現金支付等），將付款方式切割出來交換價格。或是東西太貴，雖然我付不起，但可以掛鉤其他東西進來交換，這次你用我可以負擔的價格賣給我，其他東西我也可以便宜賣給你。

這些聽起來似乎很簡單，但實際狀況經常複雜許多。有時候對方開價高，並不是議題本身的問題，可能有其他因素，因應的方式也不同。

狀況一：對方根本不想賣給你

　　這其實已經跳脫談判的範圍，因為沒得談。對方開高價，你提出交換、掛鉤等等，說什麼都沒用，因為他根本不想賣給你。

　　他可能早已有內定買方，只是礙於規定或其他因素，必須走流程跟你談判。他的最終目標是希望談判破裂，所以明知你不可能答應，還是故意開高價。但他確實給你機會談判，最後再理直氣壯賣給別人。

　　這是第一種狀況，再怎麼想辦法談也沒用，若嗅出這樣的氣氛，就不要做無謂的努力了。注意，我並不是說不要努力，而是不要做無謂的努力。意思是，這樣的狀況不能光靠談判解決，要尋找其他方式解套。

狀況二：文化因素

　　我聽過一個實際案例，英國人要和黎巴嫩人買東西，雙方剛見面坐下來開始談，黎巴嫩人就把產品價格開得很高，而且高得有點離譜。英國人氣到拂袖而去，轉而下訂第二品牌的產品。

　　事後英國人才發現完全搞錯狀況，原來在黎巴嫩有個不成

文的談判默契，為了避免上門買東西的人是同行詢價，並非真的
要買，賣方通常會開出一個高得離譜的價格，以測試買方是不是
真的要買。如果離譜的價格你都不當回事，還繼續談，那肯定是
假買家，他就懶得理會。反之，如果買家因為離譜的價格拂袖而
去，表示是真的要買，他就願意跟你坐下來好好談。

　　黎巴嫩人見到英國人生氣了，曉得他是真的要買，於是第二
天去找英國人，打算好好談。沒想到英國人已經下訂第二品牌的
產品，結局讓雙方都扼腕。英國人沒有買到最想要的第一品牌，
黎巴嫩人也沒能成功賣出產品。對賣方與買方來講是雙輸，原因
在於英國人不了解黎巴嫩的買賣文化。

　　雖然這種情況並不常見，但也不能完全忽略。跨文化談判需
要花點心力做功課，避免錯誤解讀，造成破局。

狀況三：產品價格＝身價、尊嚴

　　有時候，賣方開高價是因為強調身價、身分與尊嚴，如果你
願意付高價，代表給予他或產品價值尊重。碰到這種情況時，千
萬不要公開殺價。

　　大家留意到了嗎？不要「公開」殺價，但私下可不可以呢？
當然有機會。

　　檯面上，要讓賣方維持他開出來的價格，因為那是他的尊嚴，或是品牌定位，但實際成交價可以另議。我們可以運用前面提到的議題切割或議題掛鉤等方式，但前提是，談判桌上的價格不能讓對方難看。

狀況四：試探買家的口袋深淺

　　有些賣方開高價只是想試探買家的口袋深淺。對賣方來說，不要白不要，所以他開高價時，並不預期你會答應，只是想拿捏讓步的分寸。

　　如果你真的想買，建議可以採用「堅定重複」的談判戰術。不管對方喊價多少，你都不斷重複你的底線，強調預算只有這樣，超出就沒有辦法。比方說，你的底線是兩百萬元，賣方從五百萬開始喊，陸續降到三百萬，但不管怎麼降，你都不回報對方的善意，只是不斷重複就是兩百萬。

　　這個過程也是雙方在試探彼此的底線。對方開高價試探，我方不斷重複宣告底線，對方可能會慢慢降價，進而期待我方可以互動回報他降價的善意。若發現踢到鐵板，對方也可能會自行調整底線。

　　如果你不是非買不可，大可堅守立場。若你還是很想買，表

面上還是要沉住氣，盡量堅持到對方願意調整到接近你的底線！

狀況五：預留發展空間

最後還有一種狀況，賣家不是故意開高價或刁難，而是真的沒辦法。這下破局是不可避免，但看在買家非買不可的熱誠上，未來是不是還有機會呢？

舉一個例子，過去台灣的統一公司曾經跟一家美國公司談產品代理權。雙方談了好幾年，連當時的總裁高清愿先生都親自出馬談了兩次，最後還是沒成。雖然案子沒成，但經過多年交涉，美國公司認同也欣賞統一的理念與正派。後來美國公司表示，雖然大的案子沒成，先讓統一代理其他比較小的產品，雙方維持關係，說不定將來還有機會。

維持關係，有時也是談不成的一個收尾方式。畢竟關係一拍兩散很可惜，也許過幾年情勢改變，還有機會重啟談判與合作，不妨保持彈性，預留下一步的發展空間。

第 3 章
談判桌上的攻防技巧

01 造勢、引爆衝突時,為什麼控場很重要?

02 如果對方不知道自己要什麼,如何幫他做決策?

03 如何靈活應用不同的說服技巧?

04 談判出牌,用什麼句型最有效?

05 讓步一定會有回報嗎?

06 談判的時間和速度,掌握在誰的手上?

07 談判時,如何破解對方的期待?

08 談判時,如何化解對方的攻擊?

09 談判時,對方老是閃避話題怎麼辦?

01

造勢、引爆衝突時，
為什麼控場很重要？

在這章，將針對談判過程的細節，以及你來我往的攻防，給予更多的提醒和建議，希望對大家有所幫助。

我常講創造談判的條件，首重「造勢」。如果今天你是弱勢的一方，你想談，但強者不跟你談，怎麼辦呢？這時候就要「造勢」。把談判的情勢造出來，逼對方跟你談。

增加議題或人數，達到造勢的目的

增加議題數量，就是前面一直強調的議題掛鉤。本來談 A，這個我比較弱，你不理我，但我發現談 B、C 的時候，你有求於我，所以我就把 B、C 放上談判桌一起談。如果你給我 A，我就給你 B 或 C；或者你不給我 A，我就不給你 B、不給你 C。藉由議

題掛鉤，增加議題數量，逼迫或引誘對方出來談判。

另一招是增加談判人數。我今天是弱者，你不理我，我就找一個強者結盟，增加談判人數。一旦人數增加，就可能改變情勢。

不管是增加議題或人數，目的都是逼對方出來談判。簡單來講，就是想辦法把自己的問題變成大家的問題，方法之一是升高衝突，或是引爆衝突！

引爆衝突，也要學會控場

但談判的目的是要達成協議，引爆衝突，逼對方談判，只是工具。既然是工具，我們就要懂得控制和使用，也要預判它可能產生的後果與影響。

打個比方，往水裡面丟石頭，會發生什麼事呢？如果你有把握石頭丟出去，會造成兩圈、甚至更多的漣漪，代表你有本事！但是若石頭丟出去，結果什麼漣漪都沒有，反而是濺起水花，把褲子、鞋子都打濕了，是不是就不應該丟石頭？

有沒有資格丟石頭，引爆衝突，全看你能不能控制事件的後果。接下來，我們就來看看在不同情境下升高衝突，或是引爆衝突的狀況，進一步學會控場。

狀況一：人際關係

第一種狀況是雙方吵架，或是兩人不合，比方說在公司裡面，兩個同事不對盤，共事時情緒緊繃，長官看了覺得很煩，主動提議：「你們兩個和解一下，不要每天見面吹鬍子瞪眼的⋯⋯」

問題是，有時候人跟人之間的不合，就是互看不順眼。西方形容人際關係常用「chemistry」，化學變化。東方則說是八字不對、磁場不合。如果我就是看他不順眼，即使想和解，也不知道從哪裡開始和解，這種情況該怎麼辦呢？

衝突升高的頂點，可能就是衝突降低的起點

假如有一天，雙方只是為了搶一個杯子，又開始吵架。兩人越吵越凶，一直以來累積的所有負面情緒，全都聚焦在那個杯子上。這時，杯子被賦予了重要的象徵意義，如果一方有意要緩和衝突，不妨拿著杯子給對方：「好吧！給你了。」

我們常講，衝突升高的頂點，可能就是衝突降低的起點。平常沒事時，也不會沒來由地拿杯子給人家，誰在乎呢？但是當雙方為了搶這個杯子而爭吵時，杯子變成有意義的東西，一句「給你了」，就變成示好的表現。

避免抽象議題

以人際關係來講，衝突升高不見得不好，但是記得，不要賦予太多的情緒。即使是吵架，也要盡量想辦法讓吵架、爭執的東西是摸得到、看得到，至少是具象的東西。吵架的雙方，之所以會越吵越凶，最後不可收拾，常常是加入抽象的東西，以至於不能控場。什麼是抽象的東西呢？像是國族大義、個人死生、祖宗八代的清白等等。一旦在衝突發生時加入抽象的東西就糟糕了，容易失控！

大家可以留意觀察一下身邊的衝突，如果有同事吵架，不妨豎起耳朵聽聽他們爭吵的內容，是摸得到的，還是摸不到的？如果他們只是爭價格、爭資源，只要是摸得到的東西，一切都好談。萬一吵半天，涉及到國家民族、政治立場、人格清白，這類抽象的意識型態議題，只要擺上談判桌就可能下不來了。

處理人際關係的談判，可以升高衝突，但要學會控場，盡量避免涉及抽象的東西，這類議題會阻撓下台階，因為關係到面子問題。

狀況二：群眾運動

　　第二種升高情勢的狀況是什麼呢？群眾運動，走上街頭的抗爭。不管是示威，還是抗議、維權，都是升高情勢的做法，但它有一個潛在的風險。

　　什麼樣的風險呢？在回答這個問題之前，先來談談街頭群眾運動的雙 D 理論。第一個 D 是方向（direction），另外一個 D 是距離（distance）。一般來說，這兩個 D 裡面，只能控制一個：方向。

　　當我（策動者）大喊：「兄弟們！往東邊走。」群眾就會往東邊走，因為是我領他們來的嘛！叫大家往東，大概不會往西，所以方向我可以控制。可是，一旦發現走得夠遠，覺得可以了，這時大喊：「兄弟們！停了！回來、回來、回來！」常常不會回來。

　　兩個 D 裡面，控制方向相對容易，控制距離不容易。這時該怎麼辦呢？

安排控場的糾察隊

　　如果你想利用群眾運動、走上街頭這種方式升高衝突的話，首先，你一定要訓練糾察隊。所有的示威、抗議、罷工，都有糾察隊。群眾走上街頭的時候，必須有人在旁控場，避免失控。萬一有人突然暴衝、砸東西，會很難收場。

保持溝通管道暢通

　　不管示威或抗議，都要留一個溝通管道，維持暢通。對象是政府也好，資方也好，都要有暢通的溝通管道，這樣我們才可以談判，才可以收場。

　　特別是晚上的時候，人的自制力最弱，容易失控。晚上也容易產生一些耳語，像是：「哎呀！警察要攻堅了。」「聽說警察要清場了。」為什麼保持溝通管道暢通很重要？因為當這些耳語出現的時候，如果沒有暢通的管道可以立即求證，大家的情緒又敏感、緊張，事態的發展可能就會失控了。

避免變成群眾的人質

　　除了要安排糾察隊、保持溝通管道暢通之外，身為群眾運動的領導人，還要特別留意一個陷阱。

　　扮演領導角色的人，站在群眾的前面，勢必會吸引很多目光，包括媒體的關注。因為被群眾簇擁，自我感覺是重要人物而飄飄然，結果很快就變調，本來是帶領群眾的人，卻變成群眾的人質，或說是群眾的俘虜。身不由己的你，只是坐在指揮的位置上，實則是好多人抬著你的招牌，去爭取他們各自的利益。最終，由你引爆的衝突完全失控，這是非常危險的。

狀況三：商業談判

　　第三種狀況是商業談判，升高衝突，有時候會破局，但破局不見得是壞事。

　　當年美國跟中國大陸談判，中國爭取進入世界貿易組織，期間美方談判代表退出談判好幾次，行李都已經運到機場，又被朱鎔基給勸了回來。其中的玄機為何？有時候破局也是一種作態，是故意的。

藉由破局達到目的

　　為什麼要故意破局？有兩個目的，第一是藉此讓對方知道：「你要認真談，不然我會走人，不談了。」

　　第二個目的，是希望逼對方說出心中可以接受的價格。比如說，我開的價格可能太高，對方如果說：「哎呀！某某公司才多少錢。」這樣我就知道了！原來那個數字是對方可以接受的。

　　有時候，故意引爆衝突，是為了給對方時間壓力，不好好談的話，可能會破局。另一方面，是要逼對方說出一些話，藉此探出他的真實想法。

拍桌之前，記得「留白臉」

升高衝突，也意味著可能破局，但最終我們還是希望談判能夠成功，所以記得「留白臉」。我今天桌子一拍走出去，一定要算準誰在後面善後，誰可以把我拉回來。先安排好白臉，才可以拍桌子！

前面講過的「下黑上白」，就是這個意思。我做部屬的扮黑臉，記得先跟長官套招：「您如果覺得我講得太過火了，直接把我罵一頓，就能收回來。」有長官扮白臉，我才可以引爆衝突。

以上我們從三個不同的狀況談引爆衝突和控場，但很多時候狀況是重疊的，記得也要同時運用不同的控場技巧。

就像開車一樣，油門一踩，車子就加速衝出去，但煞車一踩，就可以停下來。行動前記得多長個心眼，只要有把握控場，做到收放自如，就能夠放心引爆，創造談判的條件。

02
如果對方不知道自己要什麼，
如何幫他做決策？

　　談判時，我們通常會說服對方，讓他相信跟我們談是有好處的，利用願景或小利，吸引對方坐上談判桌。

　　但對方如果有一些先入為主的觀念，不想跟我們談，該怎麼辦？有沒有辦法透過一些技巧幫對方做決策，吸引對方坐上談判桌呢？

方法一：循序漸進抓重點

　　有些人面對問題時，贊成或反對，其實都只是一種直覺反應。問他為什麼贊成或為什麼反對，甚至問他到底要的是什麼，可能他自己都不清楚。

　　這時，我們可以幫對方整理一下思路。比如對方提出四個問

題，我們可以幫他按輕重緩急排出優先順序，然後跟他說：「第一個問題是你多慮了，其實不會發生，就算發生了也很好處理；第二個問題沒有急迫性，可以先擱置；第三和第四個問題，剛好我們的產品能夠解決。」就這樣，一條一條排除對方的疑慮，然後順勢推出自家的產品。

方法二：另闢對自己有利的戰場

有兩家銀行，甲銀行貸款利息較低，乙銀行貸款利息較高。你是乙銀行的職員，你要怎麼說服客戶離開利息較低的甲銀行，轉到乙銀行貸款呢？

可想而知，客戶一定會拿利息高這點拒絕你。沒學過談判的人，會極力辯護你們的利息跟其他銀行相比其實也不算高。當客戶選定利息這個戰場，你在客戶選定的戰場迎戰，你是被動，表現一定不好。

這時千萬不要在利息的議題上接招、纏鬥。建議不妨另闢戰場，告訴客戶甲銀行的利息雖然低，但你們的貸款額度更大。有些時候重要的不是利息高低，而是額度大小，有足夠的額度解決問題才是當務之急。你可以主動將說服的焦點從利息多寡，拉到額度大小。

　　說白了，你是在告訴客戶他畫錯重點了。選擇你比較強勢的議題切入談判，而非在對方選定的議題上纏鬥。

　　第一個方法是幫對方釐清思路，排列問題的優先順序，解決疑慮。第二個方法是告訴對方糾結錯了重點，將他拉回焦點，幫他做決策。

　　談判過程非常重要的是，給對方一個遠景、小利，告訴對方我的東西比較好，你應該來和我談。目的是希望對方坐上談判桌，所以我們要把談判的可能結果包裝得非常香甜美好，如果對方希望得到這樣的成果，就要坐下來談。

　　如果遠景不夠美、小利不夠甜，代表重點放錯地方，要把焦點拉回真正的問題，或是你的優勢戰場，才有機會說服對方坐下來展開談判。

對方真的知道自己要什麼嗎？

　　我的學生常會在課堂質疑這個做法，認為改變對方談何容易？那是因為我們總以為對方知道自己要什麼，其實很多時候，對方並不真的知道。

　　舉我自己的一個小故事為例。我曾經因為想買一部雷射列表

機而去電腦展，無意間站在一家賣數位相機的攤位前，店員問我在找什麼產品，我回答：「我想買雷射印表機。」店員說：「我們沒賣雷射印表機，但既然您都來到我們攤位了，不妨進來看看我們最新的數位相機。」

我進去一看，果然如他所說，相機選擇很多，功能也很齊全。於是，我心裡有了另一個想法：印表機其實可以跟學校申請，我自己的錢就拿來買相機吧！

原本我去電腦展是為了買印表機，出來時卻帶了一部相機，我真的知道自己要什麼嗎？我當然知道，畢竟不是純粹去逛逛的，但我最終還是被說服了。

大部分的人對於自己要什麼，只有一個初步的想法，我形容它是畫在沙灘上，而非刻在石頭上。這是什麼意思呢？代表它是可以改變的。談判也是如此，我們往往認為對方知道自己要什麼，事實呢？很可能對方根本不知道。

對方到底有沒有底線？

再來，要搞清楚對方的底線，或許他不一定有底線。

有個學生跟我分享他的經驗，一家公司開一個職缺，透過人力銀行連絡他去面談，結果他發現自己的專長背景並不完全適合

這個職缺。可是面談過程中，他和老闆聊得很愉快，對方也被他的能力或個性吸引，認為他的專長可以幫助公司推動其他業務，聊著聊著，最後居然為他多開了一個職缺。

職缺是塊鐵板嗎？並不是，本來公司只要徵一個人，最後多徵了一個，並不是人力銀行騙了你，而是老闆被說服，改變了他的底線。

先想清楚自己要什麼，再決定怎麼說服

千萬不要小看在談判時幫對方做決策的技巧。人常常沒有那麼斬釘截鐵，真正的談判，裡面是有空間的，在說服對方上桌時，有很多彈性和可能性。

對方可能不清楚他要什麼，這時，你做為談判者，必須先想清楚，是要一腳踩進去直接爭取，還是先建立一段關係，給對方留下深刻印象，讓他以後會主動想到你。這些策略、技巧的背後，關鍵都在於，你要先想清楚自己要什麼，再決定怎麼說服，讓對方接納你。

<u>03</u>
如何靈活應用不同的說服技巧？

　　延續前面的主題，這篇我們繼續來分享說服的技巧。談判過程需要說服，很多人以為說服就是低姿態，只能柔軟，但其實，表現得非常強勢，也是說服的一個技巧。

　　接下來就依序說明幾種常見的說服技巧，包括強勢、故事與數字、張力、情緒、簡單、正反，以及它們分別適用在什麼樣的情況、需要注意那些細節。

展現自信的強勢

　　有個學生分享了她在外商廣告公司的經驗。她在對外報價時，會主動告訴對方：「我知道，價格不是我們的強項。」意思是說：「我們公司不是靠價格便宜取勝的。」那什麼才是強項？

　　她接著說：「我們公司的強項是規畫能力、執行能力，以及對細節的掌握，這些才是成功關鍵。」然後開始說明他們是如何

規畫與執行，以及相關細節。

　　講完之後，如果對方還是認為太貴，她會跟客戶表達：「如果您在乎的不是成功，只是價格的話，或許別的公司會比較便宜。」

　　這是在告訴對方：「我根本不在價格上談判。」這個做法非常強勢，但有的人就是吃這一套。因為你表現得很強勢，代表你很有自信。一般人如果沒有十足把握，敢這樣講話嗎？

　　在這個例子裡面，談判者選擇不花時間為價格辯護，因為越花時間捍衛價格，就越顯得心虛。與其露出破綻讓人家挑剔，不如展現自信的強勢來進行說服。

數字加故事，平衡左右腦

　　說服的過程，也需要說故事和講邏輯。如果只說故事，勾勒出美好的遠景，但沒有具體數字，顯得華而不實。反之，如果全講數字，除非對方特別重視這部分的細節，否則枯燥無味的數字，很難引起興趣。

　　真正吸引人的是，混合數字和故事。我們知道故事是由右腦主掌，邏輯則是由左腦主掌，混合兩者，讓左腦和右腦平衡。除了有引人入勝的故事，還有數字支撐，讓對方產生期待和想像，

也讓對方相信東西是信而有徵的。

　　既有故事情節營造出來的圖像，也有具體的數字資料，是說服的理想境界。

製造兩難的張力

　　有些談判學者建議，故事的主角最好是你自己。像是你曾經碰到什麼困境或兩難，如果當時不做決策，後果可能會很慘烈。或是當年在壓力之下，你如何做決策，最後得到什麼結果。要或不要？說還是不說？走還是不走？這些就是所謂的「張力」。

　　當然，有時不見得每個故事的主角都是你自己，這樣聽起來難免有點假，你可以換成朋友或其他人。

　　在說服的故事中，適時加入主角如何面臨抉擇，或是承擔什麼後果，用緊湊的情節吸引對方。做為聽眾，大家很容易因為故事有張力而更入戲，想著如果我是主角的話，會怎麼說？會怎麼做？自然而然地把自己代入到故事裡。

　　張力很重要，如果故事平鋪直敘，對方無法進入情境，也就不會被說服。

激起對方的情緒

除了張力，有些學者主張，說服需要加入情緒相關的元素，不管是讓對方感動、憤怒、緊張或猜疑，你得試著讓對方產生情緒，造成對方心情的起伏。

比如，如果要對方一起上戰場打仗，共同爭取什麼東西，就要激起他同仇敵愾的情緒，才能讓槍口一致對外。

資訊越簡單，越容易留下印象

再來，你傳達的資訊必須簡單，因為一般人沒辦法同時被感動又維持理性，這是兩回事。當我被感動，或是生氣、憤怒時，突然又叫我恢復冷靜去討論各種細節，其實是很困難的。

傳達的資訊越簡單，越容易讓人留下印象。就像現在很多重大事件或政策，我們習慣看網路或新聞整理的懶人包。其實大家心裡都有數，懶人包當然不是事情的全貌，某些有立場的媒體或單位，透過懶人包傳達的資訊肯定是偏頗的、有私心的。訊息不見得是假，但絕對是經過選擇而不完整的。

微妙的是，理性告訴你資訊不完整，但實際上如何呢？看了

懶人包之後，裡面的資訊還是會影響你的想法和判斷，也會產生好惡等不同的情緒。

我常在課堂上跟學生說，當年國父孫中山先生鼓吹革命時，四處宣導他的理念。他在演講三民主義時，就把它講成是「發財主義」。三民主義聽起來很複雜，清朝末年文盲那麼多，講得太複雜，誰聽得懂？所以國父把三民主義講成發財主義，也是一種懶人包的概念。因為簡單，才記得住。

進行說服時，我們當然希望這些資訊可以留在對方的大腦裡，所以也有人把這稱為「黏力原則」。透過將資訊簡化，黏在對方的大腦裡。

先講反方，再講正方

說服時為表示公平，除了講我方意見，也會講一點反方意見，更能取信於人。這時候，要特別留意提出反方意見的時機。

那麼，到底要先講我方意見，還是先講反方意見？答案是：先講反方。

你可以這麼說：「這件事我也聽到一些同仁反對，反對意見不外乎以下幾點……但如果仔細審視，會發現這些反對意見其實都站不住腳，我來跟各位分析……」

　　先講反方，再講正方，把前述的反方意見一一駁倒，這樣一來，聽者留在大腦裡的就是正方意見，這樣的說服才不會浪費時間。

　　如果反過來，先講正方意見，再講有一些人持反對意見。究竟誰說的對？有些人會這麼說：「聽完正反意見，聰明如您，一定能做出最正確的判斷。」

　　但說服的目的，不是期待對方聰明判斷，而是要對方接受你的意見，這才叫說服。如前所述，很多時候人們並不知道自己真正要什麼，所以，談判說服時，不要把問題拋回對方，這麼做很可能得到反效果，或是讓問題回到原點，變成無效的說服。

04

談判出牌，用什麼句型最有效？

　　談判出牌的時候，到底用什麼句型比較有利呢？

　　肯定句、條件句、問句，還是否定句？依據不同的理論、派別，有不同的建議。接下來，就帶大家一起看看不同句型的使用重點及原則。

句型一：肯定句 —— 產生錨定效應

　　買方、賣方都適用肯定句，出牌目的是為了下錨，先把條件（例如價格）定在那裡，形成「錨定效應」。

　　通常賣方比較常使用肯定句，但其實買方也可以，只要事前蒐集的資訊足夠、準備充分的一方，就可以先出牌。

　　舉例來說，經過比價，我大概曉得這東西的成本多少、市場行情多少，認為一萬元是它的合理價格，就可以出牌喊價。至於是不是一開始就喊出一萬元的價格？不一定。

　　如果我是賣方，可能會開高一點的價格看對方反應，若對方不接受，我會試著改規格、交貨條件或付款方式，要是都不行，就再降價一點。

　　如果我是買方呢？我開價一萬元，賣方沒辦法接受，而我真的想買，當然可以往上加價。

　　談判過程中，雙方可能往下降、往上加，互給台階，但是一開始喊的條件（價格），就是採取肯定句出牌的定錨。

句型二：條件句 —— 創造談判空間

　　我們最習慣的談判標準動作，就是「if」（如果）。這個開場就是條件句：「如果你們可以答應這個條件，我們就願意出一萬元。」

　　也就是說，我喊一萬元出來，但前面附帶一個條件，像是：如果可以三天內交貨、如果可以接受分期付款、如果能夠改規格……這個「如果」和「價格」的搭配，代表有談判的空間。

　　比如你說：「如果你們可以三天內交貨的話，我們就願意出一萬元。」

　　對方說：「沒辦法！我們要四天才能交貨。」

　　改成四天交貨，如果還是要一萬元，你就可以爭取改變付款

方式等等。

這是第二種方式，用條件句出牌，雙方之間可以增加談判的空間。

句型三：問句──開啓合作機會

美國有些談判學者反對使用肯定句，他們主張盡量使用問句出牌。意思是，先不要報價或出價，而是先詢問對方：「我們能幫上什麼忙？」了解對方想要什麼？想得到什麼服務？再來定價格。

對方在這筆交易中的目的很重要，他是希望透過這次交易，成為我方的供應商，順勢進入這個新的產業；或是想藉此機會提升自己的管理和生產層級；又或者只是急需現金，價格好談。

用問句開啟話題，先聊聊。其實聊的當下，就是談判的開始。不管是買方、賣方，都先不講價格，先聊聊彼此的需求，看雙方能夠怎樣配合。說不定聊著聊著，談判桌上可以談的東西就變多了。可能你本來以為對方只在意價格，聊過之後，發現對方是希望藉此機會進入這個產業；或是發現雙方還可以有其他合作的機會，開啟另一扇合作的門。

用問句出牌，其實等於先不出牌，先詢問對方的需要，看自

己能夠提供什麼幫助，等到雙方關係越來越熱絡，再慢慢出牌。

句型四：否定句 —— 畫紅線先發制人

　　談判先出牌，是不是就是先提出條件呢？其實不一定。有時候，也可以同時「先出」和「後出」。這話聽起來矛盾，怎麼可能又先又後呢？關鍵就在於，使用否定句。

　　一開始出牌時，我就先告訴對方：「下面這項是不能談的。」意思是說，我很願意跟貴公司談，也可以談很多東西，但有些是不能談的。說完不能碰的議題之後，再詢問對方的意見。

　　如果是公司之間的商業談判，不能談的可能是價格或規格等等，先明白指出這些是固定的，不能變動、不能談。若是國家之間的談判，不能碰觸的可能是更高規的核心利益。

　　什麼能談、什麼不能談，先畫出紅線，在談判上，這叫做先發制人。既然是先發制人，當然是先出牌了，但「先出」的同時，我緊接著詢問對方的意見，又變成「後出」。

四種句型可不可以合併呢？

　　前面介紹的四種句型可不可以合併使用呢？當然可以。

　　有的時候，談判的一方會先用否定句，再用條件句。什麼意思呢？

　　舉例來說，賣方開了一個價格，但我告訴賣方：「出門前，老闆特別交代我，如果貴公司還是開這個價，就不用談了。但我很喜歡你們公司，也希望繼續跟你們合作，所以我覺得我們應該可以找到一個解決方案。」

　　這種句型叫做「no, but」。no 是關門，老闆叫我否決；but，但我覺得還有機會再談，總可以找到一個解決方案。

　　另外，也可能先出現肯定句，再加上問句。

　　舉例來說，我是賣方，因為覺得一萬元是合理的價格，我可以先下錨：「老闆要求我開價一萬元，但如果你們有更好的條件，我也想聽聽看，或許我可以回頭說服老闆。」

　　不管是賣方還是買方，問句都是開啟一扇門，先以肯定句出牌一萬元，但最終價格還是可以談談看。這就是將不同的句型合併在一起運用。

　　只要懂得配合戰術、戰略設計，單獨或合併使用以上幾種主要的出牌句型，相信你會變成很棒的談判者。

條件句有那些變化？

接下來，我想針對條件句再多談談。

條件句在談判過程中扮演了非常重要的角色，因為談判的關鍵既不是講 yes，也不是講 no，而是講 if。

談判是什麼？我常常用「門」來比喻，今天若鎖門，就沒什麼好談的。開門呢？既然都開了，當然也不必談。談判強調的是「先鎖門，再掏鑰匙」，雖然門是關上的，但它不是沒有機會打開，因為手上有鑰匙。

如何不把話說死？很多時候就靠條件句。無論是談判的開始、中間，或是結束，在很多不同的場合都會用到條件句。接下來，就一一來看它有那些功能，運用在談判戰略時，如何讓它產生作用。

用 if 進行各種試探

最常見的條件句，是提出各種方案試探對方，適用於買賣雙方。

比方說，對方提出：「價格太貴了。」我們可以回：「如果改規格的話，價格就可以降。」因為條件是配套的，規格改變的話，價格也可能改。

　　對方可能表示：「不希望改規格，如果一次付清，可不可以便宜一點？」一方提出「規格換價格」，另一方表示有困難，改提出「付款方式換價格」。

　　雙方之間的各種試探，都是用 if、if、if，試圖在這中間找到彼此可以接受的方式，這是最理想、也是最普遍的條件句。

用 if 增加談判籌碼

　　另一種情況是，今天談 A 議題，我比較弱，所以對方不跟我談，但我發現，在 B 議題上，對方有求於我。也就是說，我在 B 議題上相對強勢，於是我說：「如果你不給我 A，我就不給你 B。」用條件句增加談判的籌碼。

　　這個方式是不是很熟悉？沒錯！正是我們前面不斷提到的議題掛鉤戰術，雖然學過，但可能沒注意到它的開頭是 if，就是條件句。

　　這種「如果你不給我，我就不給你」的戰術，直白講就是「勒索」。

用 if 開門

　　除了增加籌碼，條件句也可以展示彈性，藉此開創一些談判的空間。

　　比如說，買東西時，你問老闆：「這個太貴了，可不可以算便宜一點？」

　　老闆回：「如果多買的話就有折扣啊！」

　　但是老闆並沒有直接告訴你「多買」是多多少？折扣又是多少？其實什麼具體的數字都沒講，只是用 if 條件句讓你知道門是可以打開的，價格是可以談的！如果多買，就有折扣。

用 if 鎖門

　　前面學會了用 if 開門的戰術，另一個狀況則是剛好相反，用 if 條件句鎖門。

　　提出對方根本做不到的條件，就是鎖門，我們稱之為「non-starter」（毫無希望的條件）。

　　舉一個國際談判的實例。川普擔任美國總統的時候，北韓的金正恩想跟美國舉行高峰會議，好大喜功的川普因為想在歷史上留名，有意促成這件事。

　　當時美國的國家安全顧問波頓，他是持反對意見的鷹派。然而，波頓並不是直接反對川普跟金正恩舉行高峰會議，而是提出：「如果北韓能夠像利比亞一樣放棄核武，雙方就可以坐下談。」

　　這裡面牽涉到兩個關鍵，對金正恩來說，核武問題不是不能談，但他認為核武只是「議題」，然而，美國把它變成「前提」。兩者是不同的，議題可以討論，前提就是已經設下條件。而且美

國不只設下條件，還強調要像利比亞那樣放棄核武。

這裡簡單補充一下背景，當年利比亞強人格達費致力發展核武，後來在西方國家的壓力調停下放棄核武。結果呢？阿拉伯之春爆發，一把火燒亂中東秩序，利比亞也開始內戰，推翻政府，最後格達費的下場是被幹掉了。

金正恩就算想放棄核武，也不可能像格達費那樣，多觸霉頭啊，不是嗎？所以波頓也曉得美國提出的條件，北韓絕對不會答應。

這裡的 if 條件句聽起來像是開門，其實它是關門的作用。

用 if 預留迴旋空間

還有一種情況是，談判出牌想聲東擊西，但是又怕弄巧成拙，這時條件句也能派上用場，我們用它來預留一個迴旋的空間。

聲東擊西的意思是說，我真正想要的是「西」，但是假裝要「東」，誤導一下對方。可是萬一對方說：「好啦，『東』給你了。」這時怎麼辦呢？其實我要的是「西」啊！

建議在打出「聲東擊西」這張牌時，加上條件句：「如果你能做到某件事，我就可以要『東』。」這麼一來，就算我最後不要「東」，也不等於食言，是因為你沒做到這件事，把破局的責任拋給對方。

用 if 預留一個迴旋的空間，出牌以後，還有機會可以收回

來，不至於一頭栽下去。

用 if 釋出諂媚

最後，談判收尾的時候也可以用條件句。

為了讓談判能夠進行得快一點，或是讓我的條件看起來更吸引人，於是我說：「如果你們現在就簽約的話，我還可以再多送些東西。」這也是 if 條件句。

前面提到「如果你不給我，我就不給你」這類的掛鉤叫「勒索」；收尾的「如果你給我，我就給你」則叫「諂媚」。

談判的 Give and Take 戰略

以上為大家分別整理了六種條件句的目的和作用，實際運用的時候，還有一個關鍵要注意。談判是 give and take（給和取）的藝術，聽起來很簡單，但是套用在條件句上，if 後面到底是要先「給」？還是先「取」呢？

一般情況下，我會建議 if 後面先帶出「取」，再釋出「給」。先說 demand（要求），再說 offer（給予）。

舉一個學生的實際經驗，他是一位知名的室內設計師，接了

很多珠寶店的案子。他分享,越是不景氣,商家越喜歡裝潢,因為裝潢才能夠吸引消費。但是不景氣時,常常收不到尾款。

有一回,又碰上珠寶店尾款收不到的情況,他就開玩笑講:「如果我尾款不收,你桌上那枚戒指能不能給我?」

老闆搖頭:「開玩笑!這是要賣錢的,怎麼可以給,不行、不行。」

談判當然沒成。

後來,在第二家珠寶店碰到一樣的情況,他反過來講:「如果你桌上那枚戒指能給我,我也許可以考慮尾款不收。」

聽完這話,老闆沒有馬上說 no,顯然是認真考慮了這個提議。後來他也真的拿到了戒指。

大家有聽出順序不同嗎?第一個說法是:「如果我尾款不收,你桌上那枚戒指能不能給我。」先說 offer:尾款不收,後面才說 demand:戒指給我。

理想的做法應該是:if 是一頂帽子,if 下面放 demand。也就是先說 demand:如果你桌上那枚戒指能給我,再說 offer:我也許可以考慮尾款不收。

同樣都是用 if 開頭,但是 offer 先出來?還是 demand 先出來?牽涉到整個談判的戰略設計,這點很重要。

05

讓步一定會有回報嗎？

　　我在上課或演講的場合，每次講到談判讓步要有身段，都會有人舉手提問：「讓步怎麼可能優雅？都是被迫讓步的，像被人用刀架在脖子上逼著就範，哪裡還能講究什麼身段！」

　　事實上，在談判戰術裡面，不是只有被迫讓步，還有主動讓步和假裝讓步。只要懂得將談判技巧融入不同類型的情境，**被迫讓步時，可以減少損失；主動讓步或假裝讓步時，也可能帶來利益。**

「主動讓步」的真正目的是什麼？

　　讓步給人吃虧的印象，為什麼還會主動讓步呢？

　　最主要的原因是示好。主動讓步，希望對方能夠回報。美國人在談判時，經常強調過程是「交換讓步」。意思是，你讓一步，我讓一步，你再讓一步，我再讓一步，最後雙方立場會逐漸趨

近。距離越來越近，比較容易達成協議。

累積彼此的善意

對方提出要求之後，我可以大概知道他的立場或底線，如果我不打算談成的話，就維持原地踏步，重複立場，不做任何讓步，等著對方讓步，往我這邊靠近。問題是，這樣一來，可能談成，也可能破局。

如果我不是那麼強勢，主動讓一點，對方感覺到我的善意，也讓一點。我再看看他的讓步有沒有回報我的善意，考慮是否再讓一點。雙方交換讓步，可以累積彼此的善意。

還有一種情況是，剛開始談判時，雙方可能都高度自信，表現得很強勢。但一來一往之間，時間慢慢耗掉了，也慢慢了解到自己沒那麼強勢，這時要求的標準也會逐漸下修。原本預計要賺一百元，現在可能覺得賺七十元就可以，這時達成協議的機會就增加了。

讓步必須「貼標籤」，讓對方看見

主動讓步的目的是希望對方回報。問題來了，我希望他回報我，可是如果他不認為我做了讓步呢？

所以主動讓步很重要的一點是，對方必須要相信我做了讓

步，而且讓步的東西是他想要的。

比方說，你可以表示：「為了雙方能夠長遠合作，我們願意做一些讓步，原來那些要求，我們就不要了。希望我們的讓步也可以得到你們對等的回應，以維持雙方關係，繼續合作下去。」

這個戰術，英文叫做「labelling」，貼標籤。我直接貼上一個標籤告訴你：「我讓步了，你是不是也要回報我？」

主動讓步，可以改變談判的情勢

我們在談判進行之前，一定會預期我如果說什麼話、出什麼牌，對方會有什麼反應，是驚慌失措？手舞足蹈？痛哭流涕？還是暴跳如雷？再根據這個假設，準備好我要如何反應。這樣的戰術沙盤推演，英文叫做「pre-programmed reactions」，意思是「預先輸入程式的反應」。

這時，如果對方的反應跟我預想的完全不一樣，他這招就叫做出奇不意。我原本覺得他不會答應我，結果他居然答應了。我所有的後續動作，都建構在他「不會答應」這個基本假設之上，結果他居然答應了，在我措手不及之際，就讓對方取得談判的主動權。

假設我心裡的腳本是，我舉起棍子作勢要打人，對方肯定會求饒，等到對方求饒，我就放他一馬。沒想到，當我真的舉起棍子時，對方不但不求饒，還出言挑釁：「打啊！誰怕誰啊？」這

下換我愣了。「怎麼會這樣？是不是有詐？我如果真的出手打人，會不會記者、警察馬上衝出來？不然他怎麼敢這樣講話？」當我心存疑惑，棍子就揮不下去了，因為對方的反應出乎預料。

　　談判也是如此，當我們的想法和反應，跟對方預想的完全不一樣時，等於是破了他的布局。主動讓步就是一招，對方認為我不會讓步，但我選擇主動讓步，推翻他後面的安排，取得主動權。

　　這裡還有一點要提醒，如果想打亂對方的布局，讓步要讓得大一點，對方才會驚訝，整個情勢才可能因此而改變。但也不是盲目地讓步，前提還是必須在可以承擔成本和後果的範圍內。

「假裝讓步」的真正目的是什麼？

　　談判時，也經常發生一種情形，就是對方只出一張嘴，假裝讓步，讓你覺得虧欠他，但其實他根本什麼都沒讓，最後反而是你讓步。也就是說，他用嘴裡的（虛），換你手裡的（實），這種叫做假讓步，本質是虛的。

以虛換實

　　比如勞資談判時，工會要求加薪兩千元，資方說不行，僵持

到最後，工會代表說：「好吧！我們讓步。本來要求加薪兩千元，現在只要求加薪八百元。」

聽起來是不是讓很大？一口氣讓了一千兩百元，超過中線。如果你是老闆，會怎麼評估呢？覺得賺到嗎？原本要兩千元的，現在只要八百元。

如果你本來就打算加薪，那剛好。但如果你以為自己談贏了，開心地掏出八百元放在桌上，那就談錯了。因為你最後會發現，整個談判只有你一個人在讓。你說：「工會也有讓啊！」可是桌上的錢是誰的？你的！對方讓多少？零！

混淆問題和解決方案

這問題出在那？很多人在談判時，會把解決方案當成問題，搬到桌上變成談判的起點。

前面舉例的勞資談判，工會要求加薪兩千元，那是工會想要的解決方案，而不是問題本身。如果你是老闆，不談就算了，真要談的話，就應該談「要不要加薪」，而不是「要不要加薪兩千元」。

工會拋出兩千元擺在桌上，是下了錨（前面提到的錨定效應），試圖影響資方的期待。工會說：「我們讓步，只要求加薪八百元。」表現得爽快，甚至以此要求回報：「我們都讓一千兩百元了，老闆要讓什麼還我們？」這就是混淆問題和解決方案，再透

過假讓步，反過來要求回報。

　　這個簡單的例子裡面，包含了錨定效應、假讓步、區分問題和解決方案這三個非常重要的談判概念。哪個是問題？哪個是對方想要的解決方案？想清楚才不會被牽著鼻子走。

取得詮釋權，創造讓步空間

　　舉個美國學者寫在談判書中的例句：

　　甲方說：「我想，我們雙方如果都有誠意的話，這事情應該兩個禮拜可以談完。」

　　這話一出，乙方急了：「兩個禮拜不可能啊，至少要四個禮拜，因為老闆不在國內。」

　　聽完乙方的難處之後，甲方表示：「好吧！那我就勉為其難，答應你四個禮拜好了。既然我都讓步了，做為回報，你是不是也得讓一些？」

　　這話說得理直氣壯，可是甲方到底讓了什麼？

　　我們來檢查一下這對話的邏輯，甲方先說：「我們雙方如果都有誠意的話，這事情應該兩個禮拜可以談完。」他把「誠意」和「兩個禮拜」畫上等號，然後又說：原本是兩個禮拜，現在變成四個禮拜，我讓步了，你也得讓一些。

　　但為什麼誠意等於兩個禮拜？他並沒有解釋。他只是先取得詮釋權，然後說「我讓步了，你也得讓一些」，事實上，這個讓步根本是假的！如果你接受「誠意＝兩個禮拜」的公式，等於被對方牽著鼻子走。

　　談判時，對於假讓步要有所警覺。很多人嘴上嚷嚷他做了很多讓步，但其實什麼也沒讓。如何避免落入對方假讓步的圈套，最簡單的方式就是弄清楚桌上的東西（例如資源或金錢）是誰的？

「被迫讓步」如何減少損失？

　　「被迫讓步」應該是大家最常碰到的讓步情境。你不想說yes，但也不敢說no，甚至連說 if 提出其他方案的機會都沒有，碰到這種情況該怎麼辦呢？有什麼談判戰術可以運用，減少讓步的損失？

戰術一：用時間當槓桿

　　假設我是弱勢的一方，選在最靠近期限的時間點讓步，比較有機會守住基本的利益。比方說，原本對方要求必須讓一百分，我撐到期限快到的時候，一口氣讓六十分。注意喔，不能只讓

四十分，四十分是不太可能過關的。六十分是及格分，雖然不是最好的結果，但對方可能會勉強接受。

因為期限快到了，對方必須評估要不要等。如果繼續對我施壓，逼著我讓出剩下的四十分，雖然最後可能成功，但風險是超過期限，他要不要為此付出代價？或是他可能同時在好幾個棋盤上布局，如果今天在我這邊耗掉很多時間，或許會影響他另外的案子。假如另外的案子會因此損失五十分，值得為了我這邊剩下的四十分，繼續撐著？要是結果不划算，他可能就會說：「算了，就六十分吧！」

這個做法，就是以時間為槓桿，增加自己的力量。不只是時間，弱勢的一方在被迫讓步的時候，不妨檢視一下整個局勢，有沒有「人」「事」或「時」可以拿來做為槓桿，讓自己不至於輸太多。

戰術二：少輸為贏，化反對為條件

不得不讓步的時候，少輸為贏也是一種戰術。

意思是「化反對為條件」，把一些本來是反對的東西變成條件。我們可以這麼說：「我可以答應你，但是某些情況（或某些人）可不可以被排除在外，不適用？」

我沒有拒絕你，我都答應，但是某些情況，希望可以有所保留。談判是少輸即贏，即使被迫讓步，還是可以想辦法在中間多

爭取一點，不要輸光光。

戰術三：以拖待變，慢慢讓！

不得不讓步的時候，是不是可以讓得很慢、很慢？

在談判理論上，我們稱這種讓步為「salami」，義大利香腸。意思是像一片一片切義大利香腸那樣，本來可以整個都給你，但是我不想給得那麼爽快，所以我就慢慢切、慢慢切，慢慢拖時間。

明朝的建文皇帝跟燕王朱棣談判，目的是削藩，收回軍權。燕王朱棣不能檯面上反對，因為時機還沒到，他的兒子朱高熾還在南京當人質，於是朱棣先是裝病拖延。皇帝叫他交出權力，他也不直接抗命，而是慢慢拖時間，等到朱高熾從南京回到燕京，沒有後顧之憂，他才發動靖難之變。

以拖待變的戰術，目的是希望在拖延期間，情勢會有所改變。在「給」或「不給」之間，因應方法是「給部分」。以前俄國侵占中國東北的土地，用的戰術也是 salami，一次要一點、一次要一點，鯨吞蠶食。

Salami 既是攻，也是守。從攻方來看，切臘腸是慢慢要；從守方來看，就是慢慢給。

讓步，要讓給對的人

　　不管是以上提到的那一種讓步，若讓步是為了討好處或套交情的話，記得要讓給對的人，才能發揮效果。

　　所謂「對」的人，可以是有影響力、有決策權的人，也可以是比較有同理心、適用互惠原則的人。

　　再來，是一次讓一點，像擠牙膏般慢慢擠出來？還是一次讓一大步，讓到對方有感？這也要看對象。

　　面對強者時，有時一口氣讓一大步也是一種戰略，表示歸順或結盟的忠誠。這些都是更細緻的讓步藝術，必須針對不同的談判情境與狀況靈活運用，沒有標準答案。

什麼是互惠原則？

　　前面我告訴大家，讓步要記得「貼標籤」，明示或暗示對方你做了讓步，目的是提醒對方「回報」，背後根據的是心理學的互惠原則。

　　社會心理學家提出，人們在互動時，彼此會有互惠的默契。最簡單的證明就是，當你讓步之後，對方若沒有回報，會扯一堆

理由解釋他為什麼不能回報，這正足以說明他其實也認為回報是應該的，要不然何必花時間解釋呢？人們在行為跟想法有落差時，會自圓其說，試圖合理化自己的行為。

基於這個理論，互惠原則可以做為給予對方壓力的談判戰術。當人家讓步給我時，我覺得有義務或壓力要回報他的讓步。

西方人喜歡講交換讓步，雙方有來有往，逐漸靠近，最後達成協議。特別是美國人，談判時慣用讓步招數。有些深諳此道的談判者甚至會先主動讓步，然後一口咬定他讓過了，繼而要求你回報。你若不回報，就是不可信、不公平，不是值得繼續談判的對手。半逼迫地把對手拉入交換讓步的局。

可是，實務上並非總是如此，有些國家或有些人並不吃這一套，所謂一來一往的交換讓步，也有碰釘子的時候。

試想，如果心理學的原則放諸四海皆準，每個人都按照原則行事，每一步都可以預測，還需要學談判戰術嗎？談判不可能全然按照心理學的原則進行，裡面有很多戰術，外人可能看不清，但背後都是有道理的。

那麼，如果讓步不一定會有回報，我們為什麼還會選擇讓步？

讓步不求回報？背後的真相是什麼？

美國學者研究中國人的談判行為並指出，中國官方在談判時，習慣採取的方式是 push，不斷施壓。對方可能一路讓到底，等到確定對方已經讓到無法再讓，而那個點是中國可以接受的，中國才可能一步讓到位，接受最後的條件並成交。

看起來，就像乙方不斷讓步，甲方只是在一旁施壓，坐等理想的數字或條件，然後成交。其實不只中國，任何國家、企業或個人都可能這樣，一方不斷讓步，另一方不停施壓。為什麼呢？難道互惠原則完全不起作用嗎？

甲方並沒有回報乙方的讓步，乙方為什麼還要一讓再讓？乙方看不出自己吃虧了嗎？背後可能有幾個原因，以下為大家一一說明。

狀況一：讓步付出的成本，有機會回收

雖然看起來乙方一直在讓步，但最後若能談成，乙方仍然可以得到好處，足以讓前面讓步的損失回本。

意思是說，前面的讓步成本只要在可控制、可負擔的範圍內，一旦雙方達成協議，乙方過去付出的成本，都可以一次拿回來，所以乙方才會一讓再讓。

乙方的不斷讓步，其實是理性衡量的結果。若乙方評估情勢發展，再繼續讓下去，之後得到的好處也無法抵消前面付出的代價，等於是賠本生意，就會轉身離去。

乙方必須理性評估得失，設下停損點，步步保持警覺，才可以在必要時踩煞車。

狀況二：讓步底線是真是假？

外界看來，甲方不斷施壓，確定乙方已經讓到底線，最後甲方一句：「好，我接受！」事情拍板定案，順利談成。甲方認定乙方已經讓到底線，但那真的是底線嗎？到底是甲方對乙方施壓，還是乙方設了鉤在釣甲方呢？

對乙方來說，那可能並非真的底線，只是讓甲方感覺像是到底線了。這裡的底線，其實是乙方傳達出來的訊息。乙方曉得讓步的藝術，所以並沒有露出真正的底線，只是讓對方以為到底線了而已。

另外，乙方一直在讓步，表現得很在乎甲方，也等於一直給甲方希望，於是甲方便放棄另外跟丙或丁談。乙方藉由不斷讓步，把甲方留在談判桌上，從這個角度想，乙方的不斷讓步也是一種談判戰術。

狀況三：讓步方法不對，反而引起更多期待

前面兩種狀況，是主動讓步，也是假裝讓步，第三種狀況則是被迫讓步，乙方並沒有戰術，真的是被逼得只能不斷讓步。

那為什麼乙方已經讓步，而且還是一讓再讓，甲方仍然不斷施壓呢？可能是乙方讓步的方法不對，雖然讓步，甚至讓到了真正的底線，甲方仍然覺得乙方還有很多讓步的空間。

為什麼乙會給甲這種感覺？越讓步，反而越引起對方的期待。可能是少做了貼標籤的動作，或是讓錯了人、沒有評估清楚自己真正的要與不要……這是讓步戰略錯誤造成。

釐清以上的狀況，可以讓你在讓步時減少一些損失，同時也透過讓步累積一些籌碼。

06

談判的時間和速度，
掌握在誰的手上？

　　延續讓步的主題，我們來談一談「時間」。

　　談判出牌的時間很重要，前面提到的讓步也是出牌方式之一。有的時候，**「什麼時候出牌」比「出什麼牌」更重要，因為**「when」**比**「how」**更精緻。**

　　這裡講的談判速度，除了買方和賣方之外，也包括所謂的第三方，由第三方控制速度，當事人反而居於被動。

談判速度抓在第三方手裡，怎麼辦？

　　由第三方控制談判速度，最常見的就是房屋買賣的仲介斡旋。

　　很多時候，買方最後的出價已經落在賣方能接受的範圍內，

或是賣方的讓步已經是買方能接受的行情，代表雙方有機會談成。

這時，仲介公司會把雙方請來辦公室，分別在不同的會議室進行斡旋。斡旋的意思是說，仲介穿梭買方和賣方，說服賣方是不是降一點，然後又到買方那邊，提議能不能再加一點。經過多次的往返議價，而這當中的「間隔時間」即發揮關鍵作用。

當雙方同時在不同的地方進行談判時，居中的第三方（仲介）不見得從一方取得資訊後，就馬上去找另一方進行說服。他很可能會先去哪裡泡茶、喝咖啡，這麼做的目的是讓雙方感覺：「仲介正在幫我跟對方談，好像很不容易啊！談了半天都還沒有結果……」這麼一來，買方或賣方就會衡量：「是不是再降低一點要求，讓仲介比較好談？」或是「要不要再加一些，比較容易成功拿到？」

如何取回主動權？

這招叫「悶」，悶一下雙方，營造市場混亂的假象。拖時間是一門學問，特別是在資訊不對等的情況下，很容易被第三方控制節奏。如果你是買方或賣方，碰到這樣的情況，有沒有可能取回主動權呢？

當然可以！最直接的方式是表態退場，讓斡旋破局。比如你

給自己一個半小時，時間到了，不管有沒有成功都走人。仲介看到了，就會趕緊來拉住你。

　　其實前面的拖時間，只是故作姿態，雙方的出價已經接近對方的預期，價格並沒有那麼強硬。如果買方或賣方在這時候拍桌子走人，那可不行，仲介只能想辦法把局挽回，畢竟促成買賣是仲介的最終目標。

　　如果你是仲介，採取拖時間這個招數時，也要預先做好防範，避免破局的風險。

實境的斡旋壓力

　　同樣是由第三方掌控談判速度，還有一種狀況，但在台灣比較少見。前述的仲介斡旋，買賣雙方分別在不同的會議室，你看不到對方、對方也看不到你，當仲介說對方打算要走了、不談了，你也不曉得是真是假。

　　同樣的斡旋，若雙方分處的會議室之間是大片落地玻璃窗，你可以看到對方講話、拍桌、搖頭等動作表情，在這種情況下，仲介肯定沒閒情去泡茶、喝咖啡，「悶」這招就不管用了。依據對方的肢體語言，產生的談判壓力是直接清晰地壓在另一方身上。

　　這種看得到實境，透明的斡旋談判很有意思，重點不再是由

仲介掌控速度，而是雙方透過各種肢體語言，拉近距離，施展談判的戰術。若不想被第三方牽著走，這樣的方式也未嘗不可試試。

請對方吃閉門羹，是自己可以控制的？

我們再回頭來談談自己能夠控制的部分。

這裡說的控制，不是指最後的決定權，你要不要接受對方的條件，而是你可以控制出第二張牌、第三張牌的時間和速度。這招不僅適用於談判，也可以運用在工作上，對主管、老闆提案時。

談判戰術稱這一招叫做「閉門羹」。意思是我先提出一個要求，對方說 no，然後我再降低一點要求，提出其他方案。A 案不行，我提 B 案；B 案再不行，我再降低要求提 C 案。

從 A 到 B，再到 C，我的動作無非是要告訴對方：「我這麼努力想找到解決方案，是因為非常重視雙方的關係。」

我展現出誠意，對方可能也會做一點讓步，酬賞我的誠意：「好啦，那就決定 C 案吧！」

殊不知，其實我真正要的就是 C 案。我故意把它擺在最後，先讓對方一再拒絕，最後不好意思再拒絕時，我才端出第三個方案。

英文形容這叫「door-on-the-face」，意思是，隨時準備好對

方會撐門。

　　表面上看來，我似乎一直在退讓，但事實上是「先破後立」。先提出要求，然後讓步，再提出要求，再讓步，在這個過程中，時間因素就扮演非常重要的作用。

　　怎麼說呢？A 案和 B 案的中間，記得要保留時間的間距！當對方說 no，否定了 A 案時，千萬不能太快提出 B 案。如果你很快就拿出 B 案，老闆或是客戶會怎麼想呢？對方可能會想：「明明有更好的條件，你剛剛為什麼不直接丟出來？若 A 案沒有被否決掉，你是不是心存僥倖，想用 A 案過關，讓我吃虧呢？」

採取「先破後立」戰術，時機很重要

　　一般來講，如果要採取「先破後立」戰術，對方拒絕了你的第一個要求之後，要隔一段時間，再給出第二個方案。如果對方還是說不行，就再撐一陣子，再丟出第三個方案。這樣對方才會感受到你是真的很努力花了一番功夫才找到新的解決方案。這就是所謂的「速度」，不能太快提出新的方案，要拖一下時間。

　　兩個方案之間不妨「悶」一下。這裡也要特別提醒一點，悶的時候，還是要保持接觸。否則，萬一你的目的只是要「悶」對方，對方卻誤以為你沒興趣繼續談，心想：「算了，不勉強，我

賣別人好了。」導致最後真的破局，這是採取「悶」戰術要留意
的風險。

　　控制節奏，不代表不能繼續保持接觸。雖然第一個方案被拒
絕了，新的方案也還沒提出來，但是你要讓對方知道，你仍然有
興趣談。千萬不要你自己悶了半天，等到抬起頭一看，已經人事
全非。對方沒看到新方案，又等不到你連絡，他當然就跟別人做
生意了嘛！

　　所以，**悶的時候，記得要保持接觸，互動過程中，還可以藉
機取得更多的情報，優化新方案，讓它更有機會成功。**

07

談判時，如何破解對方的期待？

不管你是買方或賣方，談判時敢開高價，背後都是因為有期待。形成期待的元素，我稱它為「撐起期待的柱子」。

談價錢時，對方報價：「一百元。」你出價：「八十元。」對方：「不行，至少九十元。」你：「不可能啦，最多八十。」對方：「八十五元。」……

雙方在價格上一來一往地揮刀，其實沒什麼意思。重點是，要先找到價格背後的理由，從最根本處解題。

這篇就來跟大家聊聊有哪些因素可能是撐起期待的柱子，以及要如何拆柱子，瓦解對方的期待。

因素一：是先例？還是特例？

以買賣房子為例，賣方為什麼覺得自己的房子可以賣那麼貴呢？理由是「張三的房子條件沒我好，都能賣到每坪九十萬元，

為什麼我不能賣一百萬元？」

　　賣方或買方都一樣，提出價錢或要求時，是因為看到了「先例」，用別人的價格當參考指標，決定自己的立場。

　　如果你是買方，要如何拆柱子？

　　你可以跟他講：「沒錯！張三那房子賣得很貴，可是你看看實價登錄，同一時期、同個地區，只有他的房子賣得特別貴，其他都相對比較便宜，對不對？」

　　被這麼一提醒，對方可能也會發現：「確實是啊！」

　　你接著提供資訊：「那房仲我也認識。其實張三的房子是賣給他哥哥，他哥哥想幫助他，所以用比行情更高的價錢買下。那個價格不是先例，是特例。」

　　當對方抓著一個先例開高價時，若這不是一般合理價，不妨找出更多資訊，釐清是先例，還是特例，破除他的期待。

因素二：資訊有真有假

　　還有一種狀況是，對方覺得自己蒐集了到一些資訊，再根據那些資訊設定期待，但問題是，資訊有可能是假的。

　　舉例來說，我到電腦商場打算買 A 產品，第一家店的老闆說他沒賣這個產品，但很客氣地提供資訊：「雖然我們沒賣，但這

東西很便宜，大概一百元就有了。」

　　於是，我心裡就有了一個期待，覺得 A 產品就是一百元。到了第二家店，有賣 A 產品，但我出價一百元，老闆不賣。再到第三家店，一百元賣不賣？還是不賣。跑了好幾家，結果都一樣，最後我氣呼呼地離開商場，什麼也沒買到。

　　事實上，A 產品的行情價是五百元，但第一家店的老闆給了我錯誤的資訊。可能是因為他認為自己做不到的生意，別家也別想做，所以給了一個假資訊，可是我怎麼知道呢？

　　談判時，人常常會自以為掌握了一些資訊，然後拿這個資訊來談判。碰到這樣的對手，我們要怎麼應對呢？

　　延續上面的例子，如果第二家店的老闆說：「先生啊！A 產品一百元買不到的啦！你買得到的話，換我跟你買好了。」這話說得強勢，雖然不清楚是真是假，但他表現得很有自信，多少讓我心中期待的柱子產生動搖，發揮說服的效果。

　　第二家店這樣告訴我，我可能還半信半疑，不會馬上買單，但是我到第三家、第四家，甚至第五家店，出價一百元都被拒絕的時候，我可能就會相信：「第二家店的老闆這樣講，應該不是瞎說的。」

　　對手得到了一些資訊，但資訊可能不真，或是不完全，你就要提出正確、充分的資訊來檢驗，破解他的期待。

因素三：市場判斷，充滿變數

　　再來談談市場期待。人都會認為市場對自己有利，這也是撐起期待的柱子。

　　如果是賣方，總覺得是賣方市場；如果是買方，就覺得是買方市場，自己為什麼要讓步呢？

　　碰到這樣的情況，你就要給出更宏觀的分析，比方說：「市場有太多變數，covid-19 後續情況不知道會怎麼樣，俄烏戰爭也不知道會打多久，現在您對市場的判斷可能是對的，但也可能是錯的，誰都抓不準。建議採取兩手策略，不要把雞蛋都放在同一個籃子裡。我們公司提供的就是另外一個籃子，讓您可以把雞蛋放在這裡避險。我來跟您報告這項計畫的內容是……」

　　我的目的是什麼？就是為了拆他對市場過度樂觀的柱子。每個要求的背後都有柱子支撐著他的期待，拆柱子，就是要告訴對方：你想的不對，或是不完全。

因素四：讓步的方式不對

　　有時候，對方之所以產生期待，是因為我們讓步的方式不

對。讓得太快、條件放得太快，讓對方產生期待。

　　比方說，對方開口要求八折，我爽快地答應：「好，八折給你。」對方可能就會想：「早知道就要求六折……」

　　前面提過，談判讓步的學問之一，就是不能讓得太快。他push 一下，你就吐點東西出來，再 push，再吐點東西出來……不要一次讓得太快。

　　讓步的頻率太高、幅度太大，都會讓對方有容易得到的感覺，導致期待升高。

因素五：創造不確定性

　　還有一種情況是，對方認為自己還有其他選擇。如果我不買，別人也會買，他還有其他選擇，這叫選項。選項也會構成期待。

　　這時候，我可以這麼說：「你說張三可能會出價一百元跟你買，可是你想想，現在我出價九十八元，也只差一點點。張三雖然答應跟你買，但那是什麼時候的事情啊？他說不定已經買了別家的東西，你確定張三還在等著你去找他嗎？」

　　提出問題的我，不需要給答案。我只要創造不確定性，提醒他其他的選項可能不存在了。

　　商業談判也是如此。若對方提到自己找了其他供應商，想用這做為議價的支撐，你不妨提出問題：「那個供應商穩定嗎？良率夠嗎？能得到終端客戶的認證嗎？如果他的良率夠、終端也認證，那之前怎麼會被踢出來呢？有沒有什麼問題是大家不知道的呢？」

　　我什麼都沒講，只是提出幾個問題，讓客戶自己去思考。對方原本覺得自己還有其他選項（退路），但我透過問題，創造不確定性，打掉對方期待的柱子，讓他知道事情並不像他想像的那麼完美。

因素六：經驗背後的權力移轉

　　人是會記取經驗，藉著經驗進化的動物。很多時候，談判的期待也是來自過去的經驗。

　　對方以前在談判時開高價，然後悶，採取強硬的手段，最後得到想要的東西，所以這次也打算如法泡製。碰到這樣的對手，我們不能說對方過去的經驗是錯的，但我們可以提點一個關鍵，所有經驗背後都有一樣東西——權力。

　　也就是說，談判並不是在真空裡面進行，而是在權力的環節裡面進行。對方以前用這招之所以成功，可能因為他是強者，

或者起碼是勢均力敵，但現在他未必是強者，如果還繼續用同一招，這次就不保證成功了。

要如何讓對方認清現實的權力移轉，讓他務實一點呢？我可以不回應，悶他一下，這麼做不只是擋他，也是在教育他，讓他知道以前用這招好像可以成，但這次碰到的對手頑強，可能沒辦法成，藉此降低他的期待。

談判就是拆招

以上六點就是關於期待背後的「柱子」。

我常講，談判就是拆招。這篇我們列舉並仔細分析人們的期待是怎麼來的，同時告訴大家，談判時，如何破解對方的期待。有些你必須靠資訊的分享、有些你必須靠說服的技巧，更重要的是，你得學會正確的讓步技巧，才能夠改變對方的期待。

08

談判時，如何化解對方的攻擊？

有些時候，談判對手來勢洶洶，要求你馬上表態。依據理論，過分的要求會像螺旋一樣會不斷升高，他提要求，你回應，他再提要求，你再回應，最後可能會整個失控。因此，最好的方式是不要馬上回應，剪斷這個螺旋，它就不會升高。

但得不到你的回應，對方可能會很生氣。他原本態度強勢，是預期你會求饒或認輸，但你完全不回應，他可能覺得自己在唱獨角戲，演了半天你都不回應，萬一對方惱羞成怒怎麼辦？這種情況，有沒有一些話術可以因應化解呢？

學談判不只是學話術，談判的層次更高，但話術有時候還是有用的。談判講究結構、戰術，但很多時候，戰術是透過話術表現出來。

談判話術並不是耍嘴皮子，背後都有談判理論在支撐。

話術一：態度溫和，立場堅定

因為對方提出要求而陷入僵局時，我們不需要馬上表示同意或不同意，這時最好的方式是「態度溫和，立場堅定」。

既不想把場面搞僵，也不想示弱，在這種情況下我們可以說：「這個問題可以列入討論。」

這話聽起來很溫和，但是我有讓步嗎？沒有。我只是把對方的要求納入考慮，我甚至也沒說出考慮。討論不等於考慮，不等於我接受，這是第一個話術。

話術二：把攻擊轉化成腦力激盪

一般來講，如果對方 push，你馬上 push 回去，或者攻擊他的立場，他一定會跳出來捍衛自己的立場，提出辯護，這樣雙方只會越吵越凶。如何避免正面交鋒？

當自己的意見遭到反對時，人通常會急於辯解：「不是這樣的！」

有些美國學者建議換一種說法，我覺得很有意思，你可以這麼說：「你們是這樣想的啊。那麼，是不是大家都把想到的方案

擺在桌上，最後再來看看哪些可行、哪些不可行？現在只是腦力
激盪嘛。」

這邊用了什麼方法呢？把問題放大，將對方的攻擊轉化成腦
力激盪，不把爭執點聚焦在我提出的方案上。因為聚焦在我提出
的方案上，我就成了箭靶子，每個人都可能攻擊我。其他人都還
沒有提出意見，為什麼我提出方案就要被大家攻擊呢？

換一個說法，表示現在是腦力激盪時間，每個人都可以提出
自己的想法，大家把各種天馬行空的意見擺在桌上談。問題或意
見一旦放大，就有機會化解掉。

話術三：使出推手，轉移議題

就像打太極拳一樣，對方一拳過來，我們可以順勢推掉，把
攻勢轉移到別的方向。

如果雙方一開始表達的立場就有明顯差距，這時候不一定
要繼續抓著這個議題往下談，不妨看看還有沒有其他議題可以先
談，藉此縮短彼此的差距。

比如，聽到對方提出要求，我沒有馬上把它擋回去，只是苦
笑著說：「看來我們在價格這方面的差距還蠻大的，要不要我們
先談談規格或出貨方式呢？」

將話題轉到其他方面，或許就有機會縮短雙方的距離。這就是推手，藉由轉移議題，把可能引爆的衝突先推掉。

話術四：不講 why，講 why not

如果對方一路把我推到牆角，逼著我回應，該怎麼辦呢？

我可以這麼說：「如果你一定要我現在就回答，答案是 no，可是，這一定不是你想要的答案，那是不是我們先看看有沒有別的方法可以縮短彼此的差距？」

這個話術是接連前面的轉移議題。前面是立場有差距，可以試著先談其他議題，藉此縮短彼此的差距。但有時候，問題不在價格或差距，對方就是想攻擊人。對方完全不聽你說，催促你回應的結果就只有 no，這難道是對方想要的答案嗎？

你提議先看看別的問題，用英文來說，就是不講「why」，講「why not」。差別在哪？ why 聽起來有對抗性，講 why not，為什麼不這樣做做看呢？態度比較溫和。

一位校長就曾經用過這招。有個家長不斷批評他，於是校長就說：「由您剛才的表現來看，您對兒童教育非常關心，我身為校長當然也非常關心，所以我們兩人其實是方向相同，方法不同而已。我建議，要不要我們這樣做……」把原本對他的人身攻

擊，變成對事而不對人。

　　盡可能把衝突的焦點放在事情，而不是人身上，避免相互攻擊，才可能找出更好的解決方案。

話術五：站在第三者立場貼標籤行為

　　還有一招，也是美國學者提出的話術，就是我們前面教過的「貼標籤」。

　　雙方陷入對抗的時候，不妨跳出來，站在第三者立場俯視剛才的行為。

　　比方說，雙方吵架時，我可以這麼說：「我們這樣互相攻擊，根本成不了事。」我站在第三方的立場，為剛才雙方的行為貼上「互相攻擊」的標籤。

　　接著我苦笑著說：「這樣互相攻擊也不是辦法，要不要我們先休會，各自回去問問老闆，也許他們有更好的解決方案。」

　　先休會，各自回去請示老闆，再看看有沒有什麼新的方案可以讓彼此的立場有點彈性，這個化解衝突的話術就是「貼標籤」。

話術六：脫鉤製造下台階

這招跟前面的貼標籤有連帶關係。當雙方爭得臉紅脖子粗，卡在談判桌上，最後誰都下不來，就像魚鉤上的魚，掙脫不了，這時候，我們必須先脫鉤。

我們可以跳出來，利用前述的「貼標籤」方法，站在第三者立場說：「我們這樣解決不了問題，要不要回去請示一下老闆，看可不可以更有彈性？明天再談好不好？」

注意！這裡有一個隱藏戰術，對方背後可能沒有老闆，但我們替他創造一個老闆，讓他假裝後面有個白臉，可以回去轉圜一下。幫對方找一個轉圜的理由、一個下台階，以鬆動他的立場。

談判時，我們經常會為自己創造一個第三者：「我們股東不答應。」或是「我的合夥人不答應。」「我們老闆不答應。」其實我就是老闆，我只是創造出一個第三者，爭取轉圜的空間。

我們也可以反過來，替對方創造一個第三者：「王總，您最了解我們了。那些不清楚的股東，您回去再幫忙美言幾句。」

衝突時，要為自己或對方找到下台階，這也是一個話術。

以上分享六種話術，基本原則都是避免當場跟對方起衝突。因為衝突的結果只會越吵越凶，學會化掉對方的攻擊，談判才能進展下去。

<u>09</u>
談判時，
對方老是閃避話題怎麼辦？

進入主題之前，我想先釐清一個觀念：談判是不是辯論呢？

我在上課或演講時，經常有人發問：「我以前是辯論社的，很厲害，是不是也可以成為談判高手？」

其實，談判跟辯論是兩個不一樣的概念，辯論是要封他的口，談判則是要贏得他的心，兩者概念不同。

辯論時，我們會用各種方法試圖證明對方邏輯錯誤，讓他說不出話來。但是談判不一樣，我們不只希望對方口服，還要他心服。所以，對方如果不講話，我們反而要引他講出來，說出來才有辦法解決。辯論經常是一臉肅殺，但精彩的談判讓人如沐春風。

不過，辯論對於談判有沒有幫助呢？當然有！最大的關鍵在於釐清邏輯。

擅長辯論的人通常具備良好的邏輯能力，而優秀的談判者，必須邏輯清楚，釐清中間的邏輯脈絡，曉得裡面有主有從，有本有末，才能知道問題出在哪裡。

　　既然談判不是要封口，而是要引對方開口，碰到對方刻意模糊焦點或閃避問題不談，怎麼辦？

　　對方七閃八閃，說了半天就是不談重點，要怎麼做，才能讓對方回到談判主題呢？

狀況一：刻意置換概念

　　什麼叫做置換概念？比方說，雙方討論什麼叫力量大，一般認為能夠舉起幾公斤重的東西就叫力量大，但對方偏偏要講，能夠舉起體重幾倍重的東西才叫力量大。

　　對方創造出一種似是而非的概念，用這個就可以吵半天，這就是刻意置換概念。

　　這時，我們就要以邏輯戳破對方：「你不要糊弄我，這個邏輯不對，整個業界只有你是這樣的講法，這個邏輯有問題。」

狀況二：話題跳躍

　　有些情況是，雙方要談 A、B、C，但 A 還沒談出個結果，對

方就跳到談 B，B 沒談完又談 C，C 沒談完又回來談 A，你在後面追得氣喘吁吁，永遠不知道接下來會談什麼。

對方可能有好幾個人在場，張三先站出來，說你 A 沒有做好，你就去防衛 A，講著講著，李四又冒出來說 A 無所謂，C 比較重要，你只好馬上回頭防守 C，沒多久，再換王五出來主張說不是這樣，B 才是真正的重點……你根本防不勝防，這時怎麼辦？

釐清商談內容的優先順序

第一個方法是馬上戳破對方：「A、B、C 都很重要，但我們要不要先把要談的東西列出來，這樣才曉得怎麼進行。」「不是我不願意談，而是你們七嘴八舌，到底誰說的算？要不先休會，你們先確定議題的優先順序，我們再來談，好嗎？」

前面的章節，我們多次提到談判是交換，有時候，你給我 A，我在 B 或 C 還你一點，因此，必須先排出議題的優先順序，我們才會曉得中間怎麼掛鉤或交換。

所以，當人家七嘴八舌時，我們就冷場以對。因為我們跟不上，索性就停下來，看對方會有什麼反應。

邏輯跳躍的背後藏有陷阱

話題跳躍可能是談判者的說話習慣，沒有惡意，但有的時

候，一項議題還沒談完，就跳到另一項議題，也可能是故意的。

　　比如勞資談判，原本談交通車，還沒談完，對方就把話題轉到餐廳。最後你看到會議紀錄，發現在交通車這項議題上，會議紀錄上寫的和當初談的不一樣，對方說：「有啊，你們答應了。」對方一口咬定是你忘了，因為肯定是答應了，話題才會轉到餐廳。你也開始懷疑自己是否真的答應過？

　　跳躍式的談判邏輯藏有陷阱，讓你誤以為雙方都了解了、談成了，才會換話題。

　　當你回頭說：「我沒有答應。」對方可能反問：「你怎麼可以反悔？」

　　如何避免一個話題還沒談完，就跳到下一個呢？怎麼讓對方把話題轉回來？

　　若你們談交通車，還沒談完就轉到餐廳，他問你關於餐廳的意見，你可以用一句話把話題轉回來：「剛才我們談到交通車。」然後就停下來，保持冷場，一秒、兩秒、三秒，話題就轉回來了。

　　也就是說，不要順著對方的提問回答，而是直接提醒他原本進行中的議題，把話題轉回來。

狀況三：冷場

　　想要引對方說話，還有一招就是冷場。聽起來有點矛盾，這樣不就變成我不講話，他也不講話，談判還怎麼進行？

　　其實未必，自然會有人忍不住開口，這樣一來，我們就有機會聽看看他到底要什麼？冷場的目的，是為了引對方開口。

　　冷場除了用在對話的開頭，也可以用在對話的收尾。

　　有時候聽對方講完，你還是不知道他真正想表達的問題是什麼，這種時候就可以用冷場的戰術。你不直接回答問題，而是喃喃自語：「嗯，怎麼會這樣呢？以前沒發生過啊……」

　　聽到你這麼說，對方可能就會主動補上幾句：「報告長官，您看這樣錢怎麼會夠用呢？」這樣你就知道問題的癥結在錢。

　　或者部屬跟你抱怨，為什麼無法跟另一個同事合作，講完之後，你保持冷場，不做反應，這時對方補上一句：「您看，這樣我們怎麼可能繼續跟他合作？」你就知道問題可能出在對方的態度，或者是雙方對彼此的感覺。

　　這種在對方講完之後，以冷場反應的戰術，就是為了引對方再補充一、兩句。常常最後補充的這一、兩句，才是真正的關鍵。

狀況四：缺乏信任

　　最後一種狀況是，對方閃避話題，是因為不敢談。他對你沒有信任，怕太早表示自己想賣或想買，太早透露出底線，反而讓自己居於被動位置，所以不敢做出太多承諾。

　　如果推測是這個問題，不妨這樣做，你先介紹買或賣的條件，再跟對方說：「您慢慢考慮，如果想交易再跟我連繫。」意思是不強迫，留名片給他，讓他自己決定要不要連繫，這招叫「欲擒故縱」。

　　對方因為不放心，不敢談，怕講了以後收不回來，所以我們要提供他有收回來的可能，讓他不要緊張，化解對方刻意閃避話題的問題。

　　不管對方閃避話題是故意，還是弱勢的表現，我們都不需要緊張，只要利用上述技巧，把話題導回正軌，讓談判能夠聚焦。

第 4 章

如何讓談判優雅收場？

01　對手回不回得了家，是誰決定的？

02　何時再見？可攻可守的「燜」字訣

03　他為什麼不願意開口？

04　如何讓他主動開口？

05　先例與特例有何不同？

06　談判時，老闆立場變來變去怎麼辦？

07　對方先畫下紅線，不能談怎麼辦？

08　對方已讀不回，怎麼辦？

09　如何優雅下桌，不至於撕破臉？

<u>01</u>
對手回不回得了家，
是誰決定的？

　　最後這一章，我想跟大家聊聊談判的收尾，以及下談判桌之後的事情。

　　先問大家一個最根本的問題：談判要給對方留後路嗎？

　　談判桌上的議題，永遠不會只有一個東西，它可以切成好幾個部分，互相交換。隱藏在背後的意思，就是贏者不全贏，輸者不全輸。不讓對方輸得連褲子都沒有，對方才可能跟我達成協議。

　　就算我的條件可以選擇把對方打趴在地上，讓他什麼都沒有，只不過，這麼一來，對方可能來個魚死網破，或是乾脆玉石俱焚，最後什麼都達不到。

　　所以我常常說，談判時，讓對方回得了家，也是一個基本的談判素養。

回不回得了家，是對方的事？

有一派人士主張，回不回得了家，應該是對方決定，而不是我們決定。

我曾經為一家創投公司上課，這家公司的總經理作風非常強悍，討論到這個問題時，他以自己的實務經驗為例，提出他的理論：「談判時，我是買方，他是賣方，當我不斷砍價，賣方要自己決定接不接受。如果他覺得我這張訂單很有吸引力，為了取得我的訂單，得不斷讓步，他就要自己決定停損點。若是再讓下去會賠的話，他就要自己喊停。意思是說，若對方選擇離開談判桌，表示已經讓到底線，不能再讓了。如果對方還在桌上繼續纏鬥，表示還沒到底，我就還有砍價的空間。」

這個邏輯聽起來有道理，但是在做法上，可能會有兩個問題需要再斟酌。

重點不是砍到底線，而是達成最有利的協議

剛開始學談判時，總是想學如何砍到對方的底線。但是在江湖混久了，商場經驗更豐富之後，就曉得重點不是要砍到對方的

底線，而是達成最有利的協議。

　　若是把砍到對方的底線當做目的，不斷地試探、砍價，這當中耗費的時間成本很容易被忽略，這是第一個要思考的問題。

　　再者，看到對方還留在談判桌上繼續纏鬥，就認定還有殺價空間，還沒到回不了家的地步，然而，事實不一定如此，對方可能只是兩害相權取其輕。

　　舉例來說，要是這筆訂單沒有談成，對方回去就只有破產一途，他說不定就會選擇被砍到破底線，先拿到單再說。雖然賠錢做，但總比破產好。這樣的情況會有什麼問題呢？對方拿到完全沒有利潤的單，你認為他還會認真執行嗎？會不會售後服務敷衍了事，甚至故意不提供？或是等他將來翻身之後，難保不會有報復行為。

　　為了長遠的關係，也為了確保你下訂的產品有一定的品質保證，建議還是留點後路給人家比較好。

抓到底線，談判也就瀕臨破局？

　　我有個學生是大陸台商，他向另一家台商採購設備，雙方談判到最後，對方讓步的價格是七萬兩千人民幣，但我學生猜底線是七萬，於是他跟對方說：「明天你的價格沒有破七萬，就不要

來談了！」

　　這句話也是在賭對方的底線是不是七萬。我學生的想法是，如果賣家的成本是七萬，要求他低於七萬的話，他一定不敢來談，因為來談就虧本了。所以如果隔天賣家沒有回來繼續談判的話，就等於抓到他的底線大概是七萬。

　　一開始聽到學生分享這個例子，我說：「這邏輯不對啊，他沒來，表示你抓到他的底線沒錯，可是，不也代表談判破局了嗎？」

　　學生笑著表示，是我沒聽懂他的話，他說：「老師，我說沒有破七萬就不要來談，但沒說我不去找他啊！如果確定他的底線是七萬，我再去找他，慢慢往上加，或許七萬零五百就可以成交了。」

　　這位台商學生，跟前面提到的那位創投公司總經理概念相同，都認為回不回得了家，要不要下談判桌，是對方要決定的。

創造不確定性

　　看起來似乎都很有道理，但如果你是賣方，買方和你玩這個抓底線的遊戲，你會怎麼做呢？

　　假設你的成本不是七萬，而是六萬五，聽到買方說，明天價

格沒有破七萬就不要來談，以你的談判經驗，猜也猜得到買方在賭你的底線是七萬。

　　實際上，你的成本是六萬五，也就是說，你是可以回去繼續談判的。那麼，你要不要回去呢？

　　有人說不要，回去就等於告訴買方自己還有砍價的空間。不回去的話，買方就像我學生心裡的盤算，認為他抓到了底線是七萬，反而會主動來找你。

　　這樣的結局聽起來不錯，但是萬一買方沒有來找你呢？說不定半路殺出一個程咬金，冒出底線是六萬八的競爭對手，搶走了這張訂單。原本這張單應該是你的，但是你在辦公室想著對方肯定會來找你，結果卻被別人中途截走。

　　很多擔任銷售的窗口都有這種經驗，買方告訴你還有其他競爭對手在搶單，甚至你本來覺得沒有競爭對手，但對方說得煞有介事，你也開始懷疑競爭對手到底是不是真的存在，最後只好乖乖讓步。

　　買方可能真的有接洽其他賣方，也可能只是在創造不確定性，關鍵時刻賭賭看，如果你最後回去了，代表買方的招數奏效。

風水輪流轉，留了後路，未來好相見

這些細微的判斷，考驗談判的心理素質。心理素質非常重要，但是沒辦法透過課堂學習，只能靠事前的準備，你必須花精神和時間了解對手和業界生態，以及不斷累積談判的經驗。

回歸這篇的主題，正常的談判，還是留條路，讓對方回得了家吧。若勉強砍到了底線，對方含淚簽字，你也只是得意一時。風水輪流轉，說不定市場行情反轉，將來你也有需要拜託對方的時候呢。

談判時，留一點給別人，日後才好相見。

<u>02</u>

何時再見？
可攻可守的「燜」字訣

在談判的的中場或終場，很多人會感到心急：「怎麼談判卡住了呢？」怕最後沒結果或破局，就趕緊讓步。但事實是不是真的如此？

有時候，在談判過程中，我們會刻意燜對方一下，或是對方刻意燜我們一下。

什麼是「燜」？燜的時候，可以閃避對方，也可以跟對方見面，都沒關係。因為燜的重點不是雙方有沒有見面，而是立場有沒有改變。你可以「態度溫和，立場堅定」，做到這八個字的原地踏步，就算是燜。

談判要沉得住氣

比方說，對方報價之後，我沒有馬上回應；或是對方主動來公司拜訪，我表示會考慮一下，但沒有立即回覆；又或是約好一個見面時間，但我表示臨時有事爽約，這些都是「燜」。目的在於測試雙方，看是他沉不住氣先找我呢？還是我沉不住氣先去找他？

很多人沉不住氣，看對方沒打電話來，就急著打給他。報價以後，對方沒反應，就趕快再去拜訪客戶。過於心急，反而忽略觀察、思考，錯過施展談判戰術的時機。

談判前，過度自信是致命傷

為什麼要燜對方？一般人在談判之前，會過度自信，覺得自己手中有很多籌碼，覺得自己可以贏。殊不知，還沒有進入談判，過度自信很可能會變成致命傷。

當你覺得自己的東西很搶手，拿到市場上肯定會轟動，大家的反應將是：「哇！好棒啊！趕快來買！」這種時候，怎麼可能讓步呢？但除非你的東西真的搶手得不得了，對方一點選擇都沒

有，只有跟你談判。否則的話，你表現得過於強勢，會讓對方覺得如果坐下來跟你談，自己輸定了。當他認為談判結果將得不償失時，可能就選擇轉身走人。

所以說，你認為自己可以強勢，但對方並不一定要留在這裡陪你談，他可能就走了啊！更何況，你的強勢可能只是過度自信。

燜一下，有助認清權力現實

立場對調，碰到對手很強勢時，該如何壓制對方，避免他過度自信呢？不妨燜他一下。

談判學者指出：「只要燜過一段時間，當事人會變得比較溫和、比較務實。」

當談判卡關，或是對手很強勢時，不妨採取被動策略，原地踏步，提高談判的難度。

如果我是買家，詢價以後，可能先擱著，等待對方的下一步反應。隨著時間慢慢流逝，對方感受到時間的壓力，自然會意識到：「原來我的產品不像自己想像的那麼搶手啊！」這種時候，他可能會降低要求，讓談判得以進行下去。這也是談判的冷場戰術之一，原地踏步，燜他。

根據你的個性、產業的性質，採取最適合的方法燜對方。

記得保持接觸，態度溫和，立場堅定。你可以不接觸，也可以接觸但不談到重點。對方寄信或發訊息給你，你可以暫時不回；對方報價問你有什麼意見，你可以暫時沒有意見，這些都是燜。目的是什麼呢？讓對方認清現況，務實一點，避免提出一些天馬行空、連自己都知道不實際的要求。

務實以後，雙方才有機會解題。「燜」是談判時非常重要的一個基本功。

燜的過程，彼此進行試探

原地踏步並不是什麼事都不做。對方看我沒動作，可能會採取主動，提出一些要求，試探我的反應。我可以斬釘截鐵地擋回去：「這個辦不到。」也可以說：「嗯！這個我們再評估一下。」

在燜的過程，我們可不是真的在家睡大頭覺啊，而是彼此試探。各種試探交手，其實是在教育對方。比方說，我跟他談 A、B 兩個問題，結果他不斷在 A 打轉，於是我斬釘截鐵地擋回去，讓他知道 A 是沒得談的。這就是在教育對方：哪個門可以開、哪個門撬不開；哪個議題可以談、哪個議題沒得談。

雙方的試探也是一種學習，有機會因此變得比較務實，再坐上談判桌的時候，就不會表現得過於強勢。

燜的過程，檢視權力關係

　　另一方面，當你發現在燜的過程中，雖然雙方都沒有進展，但有人撐得住，而另一方撐不住。熬不下去的一方，顯然居於弱勢。也就是說，誰強？誰弱？燜過以後就見分曉。你就可以根據這個資訊，進一步調整自己的戰術。

　　所以很多時候，我們要禁得起燜。燜的過程，可以互相試探和教育，對雙方的權力關係也會有更多的理解。認清事實以後，心態更務實，有助於調整下一步的戰術，知道怎麼談會比較有勝算。

若對方沒有急迫性，只要保溫關係就好

　　談判時，我們可能會燜對方，對方也可能會燜我們，銼一下我們的銳氣，目的相同。還有另一種情況是，並不是刻意的誰燜誰，只是剛好有其他更重要的事情插隊，所以就被擱下來了。

　　事情被擱下，但對方並沒有特別解釋原因，只是單純地擱著。這時，如果你想催促對方，主動出擊說：「你再不做決定，這個（商品或提案）就要給別人了……」

對方可能會想：「沒有關係啊，我不急。」

你原本想讓對方感覺到急迫性，但這招不見得會成功，甚至得到反效果，徹底破局。

比如你是廠商業務，有些採購來詢價，可能只是想把供應商的報價建檔備用，萬一將來臨時有需要，就可以派上用場，或者單純只是主管交代進行市場調查做報告。結果你報價之後，對方只是說謝謝，沒有更多反應。這種時候，你不要急，太心急，顯露你禁不起燜。更何況，對方根本也不是故意要燜你，只是沒那麼急切。結果你一天到晚打電話問對方：「怎麼樣啊？能不能明天給個答覆啊？」可能適得其反，讓對方覺得很煩。

不管對方出於何種理由把事情擱置，都說明他並沒有急迫性，不是非要不可。建議最好的方式是，把關係保溫在那裡就好。說不定以後他忽然想買，就會把資料找出來，主動連絡你。感覺到對方沒有急迫性時，只要把關係保溫就好，不要一直追問。

03

他為什麼不願意開口？

　　大家還記得嗎？我們在第一章就開宗明義提到，溝通跟談判不一樣，但好的溝通經常是談判成功的開端。溝通是談判的基本功。

　　不管是內部談判或對外談判，掌握關鍵、解決衝突的前提，是要先了解問題。很多時候，問題不會明擺在眼前，而是要透過提問發現。如何從對方口中問出真正的答案，就考驗溝通功力了。

領導者的溝通能力是關鍵

　　我身邊有很多年輕有為的科技業主管，年輕、聰明，晉升得很快，年紀輕輕就當主管，具有獨當一面的工作能力。但是成為主管之後，才發現自己有所不足，特別是理工領域，一路走來都待在實驗室，比較缺乏人際互動，也少了溝通能力的養成訓練。

　　做為主管，不管是哪個層級，都需要向上（上級）應對、向下

（下屬）管理，兩者皆仰賴溝通能力。若主管或部屬不擅長溝通，遇到事情，主管只顧把人叫來問話：「有什麼問題？」對方卻是說什麼也不肯開口。

　　不肯說問題，誤會越來越大，最後大家心裡都不愉快，這樣談判要怎麼進行下去呢？

在「解決方案」之前，先弄清楚「問題」

　　我們常講「problem」（問題）和「solution」（解決方案）。在「解決方案」之前，必須先弄清楚「問題」。

　　這裡的問題是：「他為什麼不願意開口？」弄清楚之後，才能進一步思考解決方案：「如何讓他主動開口？」

　　為什麼不願意開口？原因當然很多，這裡只是舉幾個職場常見的狀況。

狀況一：不習慣在會議或公開場合說話

　　第一種狀況是「習慣」。很多人不喜歡在會議上發言，但

開完會之後意見特別多。特別是一種人，有問題不在會議上當面講，背後卻一直放炮、講壞話，最不可取。

既然是習慣，就要改變這個習慣。身為主管，應該凝聚一個共識或建立一個紀律，要求大家在會議上要知無不言、言無不盡，有話（問題）一定要表達出來。有了共識之後，大家就要共同遵守，這點很重要。

狀況二：未能得到公平的發言機會

有些人不願意開口，是因為覺得不公平，認為講了也沒用，或是沒得到公平的發言機會。身為主管，要找出部屬覺得不公平的地方，盡量提供公平的機會。

這邊分享一個很有意思的小撇步，是美國學者提出的談判技巧。假設你是主管，主持會議時，你會選擇坐在哪個位子呢？

如果是長桌的話，主管主持會議時，一般是坐頭（前端）不坐腰（中間）。為什麼呢？因為坐在前端，左邊、右邊兩邊都可以同時看見。若是坐在中間，看左邊漏右邊、看右邊漏左邊，容易顧此失彼。

若是沒得選，只能坐在中間，學者提出一個細膩的方式，不妨先了解自己的習慣視角。比方說，我習慣往右看，開會時就

安排部屬坐在右邊，高階主管坐在左邊。這麼安排的道理是什麼呢？因為我習慣往右看，所以坐在右邊的人，一定會被我看到。至於坐在左邊的高階主管，因為心有警惕，不敢不看，自然也不會怠慢。

如此一來，就可以克服慣性，避免大小眼，讓參與會議的人都能獲得公平的關照。主持會議時，即使坐在中間，也要同時看左右，注意大家的反應，適時給予發言機會。

狀況三：少說少錯，不想得罪人

開會不講話的原因，也可能是不想得罪人。特別是前面若已經有人表達主流意見，大家的想法雷同，這時我就算心裡有不同的想法，可能也會想：「算了，可能是我錯了。我可能想的不夠周延，既然大家都這麼認為，他們一定是對的……」所以選擇不講話。問題是，這樣一來，主管就沒有辦法聽到不同的意見了。

身為主管，可以從制度上改變這個問題。例如，制定開會的發言規則，當一個主流意見形成 A 計畫之後，要求另外的人提出 B 計畫，讓檯面上有兩個以上的計畫可以展開辯論。

面對已經有人提出 A 計畫，主管非要我提出 B 意見時，雖然可能會得罪人，我也只能苦笑著對提出 A 意見的同仁說：「不好

意思啊，不是故意針對你們，我也不想扮演烏鴉的角色，但這是規定，我們這邊的 B 意見也請大家一起評估……」

一旦「溝通」成為部門的文化或制度，大家就敢開口講話了，開會發言更有底氣。

狀況四：受限於語文或準備不足

若是發生在跨國公司，有些人不願意在會議上開口，可能是因為還沒準備好。

很多跨國公司開線上會議，主持會議的主管問：「台北方面有什麼意見？」「首爾方面有什麼意見？」或是「曼谷方面什麼意見？」很多臨時被點名的人，原本是很有意見、很有想法的，只是受限於英文不太好，或是準備不足，一時之間無法好好表達，所以乾脆說沒意見。

碰到這樣的情況，該怎麼解決呢？專家建議從制度著手，會議中，可以設定每家分公司、每個地區都有專屬的發言時間，比方說二十分鐘，讓大家在這段時間好好闡述自己的想法。

另外，會議相關的資料，特別是外文的資料，如果開會時才提供，可能會來不及消化準備。不妨早幾天提供給大家，這樣就可以得到比較具體和完整的意見回饋了。

狀況五：主管太聰明，部屬不敢開口

還有一種情況，部屬不願意開口，是因為主管太聰明了！很多主管喜歡表現自己的聰明才智，部屬可能話還沒講完，主管就說：「你笨啊！」這樣誰還敢開口？

更糟糕的是，有些主管開會時講話不留情面。比方說，對方是總經理，我是經理，底下有課長，再下面還有基層職員。總經理常在會議上公開罵我笨，對於我這個經理提出來的意見，都是負面回饋，這樣我回去還要怎麼帶人？

碰到這類聰明、但不善處理人際關係的主管，部屬當然不願意開口啊。不開口最聰明，因為不開口就不會被嫌笨。

這種情況不只出現在職場上的資深主管與年輕部屬之間，家庭裡的親子關係也是如此。孩子為什麼不想跟你說話？因為不管講什麼，結果都是換來一陣數落。爸媽可能會搬出一套老生常談：「哎呀！你知道什麼！這都是為你好。」這些話他已經聽過無數遍，你會說什麼，他早都預料到了，還有什麼好講的呢？

以上不同的狀況，表象都是不願意開口，但原因不同，可能是制度問題、心態問題，或是紀律問題，需要一個一個抽絲剝繭，找出真正的原因，才可能提出解決方案。

04

如何讓他主動開口？

　　當主管的人，都知道領導者要學會傾聽，可是，對方不說，你聽什麼呢？上一篇我們談到「他為什麼不願意開口」，可能有很多種狀況，人與人之間的不肯講、會議桌上的不肯講，或者子女跟父母之間的不肯講，這些都是問題的癥結。

　　這篇我們再繼續來談「solution」，解決方案，如何讓他主動開口？有那些方法可以派上用場？怎麼溝通、怎麼講話、怎麼聽，是一套完整的學問。

方法一：適時露出一點破綻

　　前一篇我們提到，主管如果太聰明，部屬可能會不願意跟主管說真話。日本學者甚至以此進行研究，結果發現，主管太優秀、太強，從小到大都考第一名的資優生，人生勝利組的類型，會讓部屬不敢吐露心事或問題。因為在優秀的人面前，會顯得自

己的問題微不足道，有意見也比較不敢講。

　　這個問題怎麼解？人家就是聰明、優秀，難道要裝傻嗎？沒錯！建議這類型的主管不妨露出一點小破綻，不要戴著完美形象的面具。偶爾摘下面具，和部屬分享其實你也失敗過、失戀過，並不是真的每次都考第一名，求職或創業時也曾經受挫。

　　聽到這些分享，部屬會覺得：「啊！原來你不是不食人間煙火的。」不要讓人覺得你是阿波羅神殿裡高高在上的天神阿波羅，距離太遙遠、形象太完美的人，不容易聽到真心話。

　　雖然你的專業能力很強，但在日常事務方面，可以不經意地展現難得糊塗的一面，這麼做會讓其他人比較願意主動親近你。

　　比方說，公司辦露營活動的時候，你可能不太會搭帳篷，或是不太會煮飯，請求部屬協助。部屬發現原來你也有弱項需要他的協助，這樣距離不就拉近了嗎？

　　千萬不要文武全才，樣樣強勢！全部事情都讓你做光了，其他人根本沒機會表現，自然什麼話都不敢說。

方法二：想辦法產生經驗連結

　　第二個方法是展現同理心，以情緒、經驗的連結來打動對方。我們在跟對方互動時，盡量先找到一些心理的連結。

我在一位哥倫比亞大學教授的談判書中曾讀到一個溫馨可愛的例子。這位教授在進行諮商時，個案是一個經常蹺課的孩子，束手無策的媽媽求助教授，但是教授講了半天，無論如何問話，孩子就是不肯開口。

這時，跟在教授身邊的一位研究助理主動提議：「我可不可以把孩子帶到一旁，讓我跟他私下聊一下？」教授同意之後，研究助理把孩子帶到一旁，剛開始孩子還是不肯講話。

研究助理換一個方式說：「我知道啦，你今天是被迫來的，對不對？」

孩子的表情立刻不同了，回應：「對啊！你怎麼知道我是被迫來的？我才不愛來！」

研究助理順勢說：「對啊！我也是被迫來的。因為我修這門課，教授叫我一定要來，如果不幫忙做諮商的話，我就要被當掉了。我們兩個根本是同病相憐。」

話匣子打開，孩子果然慢慢開口說話，願意溝通了。

這就是運用心理的連結，在溝通時讓對方願意開口的方式。

我們跟陌生人攀談時，也經常會這樣開啟話題：「我們都是從南部上來的。」「我們都是農村小孩，在都市討生活不容易啊。」等等，盡量找出彼此的連結。

很多談判電影裡面，談判專家也是這樣開啟話題，雙方有了共通點，就有機會突破對方的心防，展開溝通。

方法三：不要馬上回應對方的意見

當部屬提出意見的時候，主管要記得提醒自己：不要馬上回應對方的意見。

為什麼呢？因為如果主管立刻回應部屬的意見，可能會讓部屬覺得自己的意見或問題太普通。如前所述，主管表現得太聰明，部屬怎麼敢再跟你多講呢？他提出一個問題，你很快就給出答案：「來！我告訴你，關於這個問題……」後面他可能就不敢再繼續說。

主管馬上回應對方，還有第二種可能，就是主管其實並沒有想法，只是隨便給一個答案。部屬心裡會覺得：「你是在敷衍我嗎？」

因為不確定主管是否有興趣，所以部屬提出意見的時候，可能只講一點點，一邊觀察主管的反應，再決定是否要繼續多說一些。所以，如果主管直接就給出答案，可能聽不到更多的意見。

我會建議，以提問代替回應。先不急著下結論，盡量表現出有興趣的樣子，讓對方把問題的來龍去脈、方方面面都講清楚。避免只聽了一部分的意見、沒深思過對方的問題就給出答案，這樣容易讓對方覺得沒有溝通的誠意。

這種情況若是發生在團隊，還會衍生骨牌效應。舉例來說，團隊有一些想法，熬夜幾天寫了一個建議案，結果主管只是隨便

翻一下，就丟回去說：「唉呀！這不可能啦！」團隊會覺得受挫，大家的努力難道這麼不值得嗎？這會影響整體士氣。

另一方面，如果是腦力激盪會議，當大家在腦力激盪時，有人剛提出一個意見，主管馬上說：「哎呀！這不可能啦！不會這樣子啦！」再轉頭問其他人：「大家還有沒有什麼意見？」看到張三提意見，被主管當場打回去說不可能，其他人還敢提意見嗎？當然都說沒意見！

這是主管要特別留意的，不要太快回應對方，這樣大家都不敢講話了。

方法四：匿名寫便利貼提意見

延續前面提到的腦力激盪會議，美國人開會很有趣，有些主管為了避免大家開會不敢講話，或是有些人明明有不同意見，卻怕講出來會得罪人，主管會巧妙地說：「我離開一小時，大家有什麼意見的話，就寫在便利貼紙上，黏在白板上。不記名。」一小時後再回來看大家的意見，不用管是誰寫的，只看大家的意見集中在哪方面，主要問題是什麼。

想到什麼就講什麼，才是真正的腦力激盪會議。主管可以彙整每個人的問題，列出來進一步討論，看看哪些可行、哪些不可

行，刪掉天馬行空、不著邊際的，留下務實的、可行性高的，再繼續往下進行。

主管不知道最初的問題是誰提出的，部屬彼此之間可能知道，也可能不知道，這樣的方式比較有安全感，不怕被秋後算帳，敢於發言的人也會比較多！

方法五：用冷場來破局

最後一個方式，前面我們已經多次提到，就是用冷場來破局。什麼意思呢？談判學者研究發現，有些人是忍受不了冷場的個性。開會的時候，如果一方不說話，另一方若忍受不了冷場，就會主動開口。這時候，對方真正的想法、到底想要什麼，也會慢慢講出來。

當部屬不想講話的時候，你也可以選擇不講話，用冷場來引他開口。如果他講完之後，你還是抓不到重點，這時候不妨喃喃自語說：「怎麼會這樣呢？怎麼會發生這種狀況？我再來跟上級報告，研究一下是怎麼回事。」看到主管唸唸有詞，對方可能還會補充幾句。很多時候，補充的話才是畫龍點睛，用冷場招數可以套出部屬的真實問題。

社群軟體學問大，主管加不加？

　　最後我要特別談一個問題，現代人習慣用社群軟體溝通，職場也是。每個公司都有大大小小不同的 LINE 或其他軟體群組，很多主管為了想要掌握訊息，或是拉近跟部屬的關係，會加入各種群組。

　　關於這點，我在上課或演講時都一再提醒大家，特別是當主管的人，千萬不要做這種事。因為只要你加入群組，這個群組就沒有人會說話了！至少不會說真話。除非是公務相關的群組，建議主管不要出現在部屬的聊天群組裡面，請退出來吧！

　　如果真的想知道大家的真實問題，寧可透過一些信得過的同仁，轉述在群組裡面聽到的意見或問題，這樣才可能聽到真實的聲音。

05
先例與特例有何不同？

　　前面的章節，我們談了很多關於讓步的不同情況，以及適合的對應話術。這篇我想談一談如何減少讓步帶來的後續傷害，也就是「損害控制」。

　　談判若是在一方讓步之下，結束了這個回合，下一回合怎麼辦？會不會之後每一次都要讓步？如何做到損害控制？關鍵是**把這次的讓步變成一個「特例」，而不是「先例」。**

　　先例與特例有何不同？如果是先例，其他人可能會有樣學樣，嚷嚷著：「我也要比照辦理。」這樣可不行！要想辦法把它變成特例，只在特別的情況下，它才會發生，並不是每個人都可以，這樣別人就沒辦法有樣學樣。

　　如此，我們就能將讓步的傷害減到最少，把讓步的損失凍結在一個點，不會延伸。

下不為例！容易嗎？

這概念聽起來是不錯，但有些人會質疑，這真的做得到嗎？

談判時，如果我們做了讓步，都會跟對方說：「下不為例！」但是下次必然為例。

上次我破例讓步，給了三三折，並且再三聲明下不為例，對方也答應沒問題，但之後還是要求我比照上次的優惠，理由是：「上次可以，這次為什麼不行？如果你不能給我一樣的折扣，我就不買了。」

換句話說，我之前努力想把讓步變成一個特例，但是並沒有成功，損失沒有鎖在上次的談判，眼看還會延伸下去，這時該怎麼辦呢？

在回答這個問題之前，我先分享兩個真實的案例，幫助大家進一步思考什麼是先例、什麼又是特例。

案例一：以捐款代替酬勞，顧裡子，也顧面子

二〇〇五年我到新加坡講課，新加坡管理學院院長楊教授跟我分享了他的經驗。當時他應邀到中國大陸演講，每場價碼至少

一萬人民幣，可是，有一回某單位非常熱誠地提出邀請，但礙於預算，只能支付三千人民幣。

　　一般來說，我要一萬元，你只能給三千元，我又不能破例，這樣的情況就是沒得談，只能作罷，不去了。可是楊教授很重視這個邀約，他內心是想去的，於是，他思考如何把損失降到最少？三千元絕對不能成為先例，一旦大家的印象是三千元也可以，行情就會掉價。可是對方又給不了更多，怎麼辦呢？

　　最後他想出的辦法是：不拿錢，把演講所得捐出去！

　　捐錢是特例，如果拿錢，就會成為先例。雖然我這次捐出酬勞，但總不能要求我每次都捐，是不是？即使是同一個單位，這次我捐了，下次再邀請我演講，也不太可能說：「老師，您再捐一次。」因為捐贈不是常見的事，它是一個特例，後面的人很難要求有樣學樣。

　　沒想到一山還有一山高，邀請他的單位書記知道楊教授決定捐出酬勞之後，主動表示：「既然您決定捐錢，不要台下捐，台上捐。」

　　於是，楊教授在台上發表完精彩的演說之後，書記拿著一個信封上台發言：「謝謝楊教授跟我們分享智慧的結晶，這一點微薄的酬勞獻給楊教授。」底下一片掌聲。這時楊教授說：「我想把酬勞捐給貴單位！」又是一片掌聲。這時書記說：「我們謝謝楊教授，捐給我們一萬人民幣！」台下掌聲雷動！

　　那個信封裡面，說不定是空的，就算有，頂多也是三千元，

當然不會是一萬元。但這樣一講，裡子、面子都有了。楊教授維持了每場演講一萬元的行情，也給了書記和邀請單位極大的面子。楊教授也把「捐錢」當做一個停損點，把損害控制在三千元，並以此做為不是每個人都能有樣學樣的特例。

案例二：破格大放送

　　以前我擔任某家企業的顧問，老闆非常賞識一位高階經理人，想把他從美國挖角回來，擔任自己的左右手。為了讓對方安心，畢竟在台北安家不易，也為了增加誘因，希望他能放棄原本在美國的發展，回台一起打拚，薪資之外，老闆主動開口加碼：「我在台北市安和路有一棟房子，就給你當宿舍，不用房租。」等於老闆幫忙付房租，租了一棟房子給他，這樣的條件確實優渥，非常吸引人。

　　但這位經理人並沒有馬上答應，後來老闆側面了解，原來他是擔心：「幫老闆賣命的時候當然是沒有問題啊，可是將來退休了，房價不斷飛漲，說不定賺的錢已經買不起房子了！」

　　他的顧慮不是沒道理，過去很多住在學校或公家單位宿舍的人，退休之後，如果沒預先規畫，常常會落得沒地方可住，因為外頭的房價已經高攀不起。

　　這個隱性的擔憂輾轉讓老闆聽到了，為了爭取這位心目中的優秀經理人，老闆竟然破格提出：「這樣好了！安和路的房子就送給你。」哇！這招真是不得了，對方當然高興啊！老闆都做到這樣的程度，員工還能不賣命嗎？

　　但其他人難道也可以期待老闆送一棟房子嗎？想也知道不可能！如果一開始的提議，老闆幫忙付房租，或是免費提供宿舍這類的要求，或許還有機會比照辦理。但是送一棟房子，這真的就不是一般人能夠開口或期待的條件，這也是一個特例。

講明白「特別」在哪裡？

　　看完以上兩個特例，大家是不是有一點概念了呢？

　　所謂的特例，是距離常態很遠的一種狀況。如果距離常態不遠，一般人都可以提出的要求，多半是先例。

　　特例可以把損失或代價鎖在一個點，避免其他人有樣學樣。所以，談判的時候，如果非讓步不可的話，寧可狠狠讓一大步，一方面讓對方高興，甚至感到措手不及；另一方面，旁人看了也會嚇一跳，知道日後不容易複製。

　　回到商業談判的領域，「下不為例」這話經常失守，無法達到停損的作用，最大的原因就在於，你只講下不為例，但是並沒

有說明為什麼下不為例？

　　如果你說這次讓步是特例，特別在哪裡？把這個「特」講明白，才能防止之後其他人敲門要求比照辦理。究竟是放寬哪個部分？是人、事，還是時？有了具體的細節，其他的人想要有樣學樣，也比較不容易。

設法回到正常的談判

　　如果你沒有辦法跟對方講明白「特別」在什麼地方，鎖不住了，但是你也不可能答應對方同樣的條件，這種時候，建議回到正常的談判，不要再糾結是特例或先例。

　　談判的基本思維不是 yes，也不是 no，而是 if。在 yes 和 no 兩端的中間找出對應方案。

　　當對方提出三三折的時候，你可以先跟對方說：「不行，那次是特例，因為是促銷方案，現在活動已經結束，沒有三三折了，但我們一定會想辦法給您折扣，目前還有一個活動是四二折，您是老客戶，我可以跟主管爭取看看，您覺得如何呢？」

　　這句話裡藏有很多訊息，首先，讓對方知道三三折是不可能的。盡量找出此時彼時的差異，例如產品規格不一樣，現在是最新規格，之前的促銷活動就是為了汰換規格才會這麼便宜，現在

那個已經不生產、沒零件了，說服對方之前的讓步是在特定狀況或條件下才可能發生。

再來，提出對應方案。雖然目前沒辦法比照之前三三折的條件，但可以爭取四二折，提出對應方案，把原本糾結的問題化解掉，這點很重要。

談判時，給或不給，終究還是權力的問題。如果是對方有求於我，他只是試著要看看，看能不能比照之前的三三折，我若說不行，他可能也只能摸摸鼻子認了。

反過來，如果今天我是弱勢的一方，非常急切想拿到這筆訂單，對方要求三三折，這時我該怎麼辦呢？

我可以試著以切割的方式處理：「雖然促銷活動已經結束，沒有三三折了，但是我可以跟老闆爭取，一部分三三折，其餘部分還是沒辦法，得按照目前的四二折方案。」或是「如果要三三折的話，付款方式能不能改成一次付清？這樣我可以再跟老闆爭取一下。」

即使是弱勢的一方，也絕對不是對方的要求照單全收！

所以我們要學習談判。當對方提出要求時，也可以利用前面介紹過的「化反對為條件」來處理，像是「在某些情況下不適用」，這種設定例外條件的做法，也是一種損害控制。

<u>06</u>

談判時，
老闆立場變來變去怎麼辦？

　　前面我們談了很多關於談判的技巧和戰術，洞悉對方的一舉一動，思考因應策略。其實，不只是對手的動靜影響談判，有時候，我們自己主管的態度也變化莫測。

　　我在上課時，常有同學提問：「對外談判時，我的主管（老闆）立場變來變去，或是不聽我的建議，碰到這種情況該怎麼辦呢？」

　　底下的部屬常因此陷入兩難，不僅要負責對外談判，內部還要捉摸自己主管（老闆）的心思。

　　這裡分成幾種不同的狀況，給大家一些解方和建議。

狀況一：碰到新事項或新議題

　　老闆態度變來變去的第一種狀況，是他真的拿不定主意。為

什麼呢？因為你們要談的事情太新了，沒有足夠的資訊。當老闆
自己也在摸石子過河時，你希望他給出一個明確的指示，其實不
容易，因為他也不曉得要怎麼指示。

提供充分資訊，幫助老闆做決策

面對新的談判議題或項目，老闆需要員工提供充分資訊或說
明，才能做決策，下達指示。

部屬應該設身處地想一想，盡可能找到足夠的資訊提供給老
闆，幫助他做決策。他也許不能現在馬上就決定，但部屬若能提
供更多資訊，老闆也許就可以給出一個比較明確的指示。

這裡再補充一點，若能用老闆在乎的語言包裝你的資訊，將
有助於說服老闆支持你的意見。比方說，你希望老闆同意部門增
聘新人，老闆考慮的是，多聘一個人要花多少成本？這時，你要
提供的資訊是，新人的能力可以幫公司的生產流程節省多少錢。
老闆在乎成本，我們就用成本的考量做一個框架，把我們想傳達
的資訊填進去，這樣老闆才聽得進去。

狀況二：擔心決策對自己不利

　　第二種狀況，你的直屬主管可能只是中階主管，上頭還有更大的主管，或是直接面對老闆。

　　當你問他：「對方要求這個價格可以嗎？」或是「這個條件可不可以破例呢？」即使他本人同意，他也會擔心萬一大老闆不同意怎麼辦？會不會影響到他的職務？如果同意對方要求的條件，會不會造成損失？他好不容易爬到現在的位子，肯定是希望事情最好有萬全的準備。

　　他的猶豫不決或遲遲不給出明確的指示，是顧慮萬一事情發展不如預期時，有沒有備案？有沒有人可以支援？

　　如果你在德國的公司，會發現很多德國主管擔心的就是這些。

規畫備案，讓主管無後顧之憂

　　如果部屬能夠設身處地理解直屬主管的想法和顧慮，就可以把各種可能發生的狀況、因應的備案、救援的資源等等細節都提早準備好。事先沙盤推演，談判過程中對方答應是什麼狀況、不答應又是什麼狀況。如果出問題，有誰可以幫忙，還有 B 計畫可以遞補。

　　因為從現實面來看，萬一你談判搞砸了，你只是夥計，而

他是老闆，或是中階、高階主管，他的損失絕對比你更大。所以部屬要讓主管知道，你已經替他想到「萬一」的狀況，他大可放心。只有他放心了，才可能給出明確的指示，支持你的談判策略。

狀況三：主管態度反覆或另有所圖

第三種狀況很有意思，主管態度反反覆覆，可能是他也在猜上面的大老闆到底是怎麼想的。很多時候，主管也沒把握大老闆是談真的，還是談假的，所以他也很難跟你說該怎麼做。

談判戰術有一招叫「明修棧道，暗渡陳倉」。大老闆可能是兩個軌道在進行談判，同時談 A 也談 B，但 A 是用來欺敵的，欺騙競爭對手以掩護 B，等到 B 順利談完了，A 談判就隨便找個理由破局。

這個情況下，A 是談假的。若我是大老闆，會不會告訴負責談 A 的部屬實話？直接對你說：「你們是談假的！」基本上不可能，因為越多人知道實情，就越容易洩密，這招戰術也就不管用了。

老闆當然都說是談真的，演起來才像是一回事，對不對？所以主管不可能告訴部屬說：「你談的案子是用來欺敵的。」

反過來說，如果我是主管，感覺自己好像是被拿來欺敵的，

負責拖時間。但是我對老闆的想法也沒有太大的把握，得一邊揣測上面的想法，一邊指示下面的人執行，態度自然顯得反反覆覆。

碰到這樣的狀況，只是苦了最基層的人，該怎麼辦呢？

放慢談判速度，觀察局勢的變化

當你不曉得要花多少力氣來談判，會不會談到最後不了了之？甚至談得太快反而誤事？畢竟明修棧道的 A 案是要掩護暗渡陳倉的 B 案，萬一這邊的棧道太早修完，另一頭的陳倉還沒渡完，事情就麻煩了！

這時，不妨採取安全做法——談慢一點，看看老闆有什麼新的想法？看看上面有什麼指令？也看看對方有什麼反應？

當我們不知道談判是真或假的時候，建議放慢談判速度，觀察局勢的變化，才曉得接下來的戲該怎麼唱。

狀況四：老闆同時多方布局

延伸前面的狀況，老闆可能同時在好幾個棋盤下棋，導致負責單一案子的部屬覺得老闆一下要這樣、一下又不要這樣，態度反反覆覆。事實是，老闆同時在看好幾個談判的棋盤。

　　舉例來說，賣房子是一個棋盤，將賣房子的錢拿去投資，又是另外一個棋盤。單就賣房子這件事情，可能拖久一點，可以賣更高價。假設多等半年，可以多賣二十萬元，但是現在就賣掉，把錢拿去投資，有把握半年獲利大於二十萬元，這樣還要不要等？

　　又或者你們公司是買方，你跟老闆提議買甲供應商的東西，理由是不論產品或供貨條件都是最好的，但老闆偏偏最後決定跟乙供應商簽約。說不定在老闆眼中，甲或乙沒有太大差別，可是如果把訂單給乙，可以結交該乙後面的人脈，而那個人脈有助於老闆的另一項談判。

　　老闆選擇乙，是想要後面的關係，哈佛學者把中國人講的「關係」譯為 social investment（社會投資），原因就在於，他認為關係本身就是一種人脈或人際關係的社會投資。

　　老闆的立場跟部屬不同，看事情的角度也不一樣，老闆有他的盤算，不可能跟部屬一一講清楚。我們當夥計的人，只看到檯面上的某個東西，但老闆心裡盤算的可能是後面的好幾步，包括交情、人脈等等。

　　部屬抱怨主管變來變去、主管說不定心裡也想：「怎麼部屬都不懂我的全盤考量呢？」

盡責提出建言即可

碰到這樣的情況，部屬的態度很重要，只要盡責提出建言即可，至於主管聽不聽、變不變，那是他的權力，不需要抱怨。

因為上面的人看的是全局，他要同時對很多個棋盤下指令，沒必要跟部屬一一說明。你也不要抱怨主管變來變去，EQ 很差，其實不是這樣，你只是不了解他心中的盤算罷了。

記住一句話：「部屬提出建言是盡責，聽不聽是主管的權力。」

狀況五：老闆太快唱白臉，部屬難做事

我常說，談判要「下黑上白」，部屬唱黑臉，負責搭台讓長官唱白臉。很多長官也習慣把部屬推出去唱黑臉，自己在後面穩穩妥妥地唱白臉，這其實沒什麼問題！

問題在於，有些老闆耳根子軟，唱白臉時，讓得太快，讓扮黑臉的部屬很難做事，對方以後可能也不找部屬談了，直接跳級去找老闆。

門當戶對，確保迴旋的空間

我們不可能直接告訴老闆：「白臉不能這樣唱。」該怎麼辦呢？

不妨換個方式表達：「讓步應該門當戶對，老闆對老闆，您不需要讓給對方的窗口，讓給對方的老闆，這樣讓步的效果更好！」

我們沒有批評老闆讓得太快，只是替他找到一個更好的讓步方式。從另一個角度看，對方的老闆也不是隨便出現的人，不見得馬上就能連繫上。你的老闆要等到對方的老闆出現，再把這個局讓出去，一來一往，中間肯定會拖延時間。原本你擔心老闆讓得太快，這下問題自然解決。

這招也是讓對方明白，老闆跳出來唱白臉，並不是常態，對方還是得跟你打交道才行。慢慢形成規矩，老闆對老闆，實際負責的對口還是你，這樣談判才有迴旋的空間。

狀況六：主管向上管理能力佳，卻打壓部屬

最後一種狀況，也是我們最不願意見到的。

排除前面提到的各種狀況，主管變來變去，只是因為 EQ 差，

或是中階主管爭功諉過，明明逃避責任不敢下指令，結果破局全怪部屬，談判順利則功勞全拿走，歸功於他的指令得宜。

委屈若不能求全，考慮離職

如果直屬主管是這種類型，大老闆很信任他，而你只是個基層小員工，處處被打壓，沒有翻身機會，這種情況下，不妨認真考慮，是否要繼續待在這家公司？

我們常講「委屈求全」，但是委屈了半天，也求不了全，你還要繼續留下來委屈嗎？當部屬的人，也要準備自己的備胎，碰上最壞的狀況時，要懂得為自己打算。

07
對方先畫下紅線，
不能談怎麼辦？

談判經常發生一個狀況，對方開門見山就說：「這個不能談，其他都可以。」等於是在談判開始之前，就先畫下一條紅線。

先來分享一個生活實例，多年前，我跟朋友去飲茶，對方一入座就客氣地說：「這幾道我不吃，其他都可以，你來點。」對方原本是好意，擔心我如果點了他不吃的東西，我豈不是很尷尬嗎？所以先告訴我哪幾道他不吃。問題是，他不想吃的，全是我想吃的招牌飲茶點心。這下問題來了，他先表示哪些不吃，再讓我點菜，我還能點什麼呢？

我只好說：「這樣子好不好？我們各點各的。」我們的關係平等，重點也不在吃飯，而是聊天，所以我乾脆提議各自點自己愛吃的，兩人都可以吃得開心。並不是我不受你牽制，而是你不需要受我影響。

談判態勢強弱，影響話語權

回到談判的角力也是如此。對方開門見山就說這個問題不能談，我們可以怎麼應對？

首先，我們要看整體談判態勢誰比較強。對方敢這麼說，肯定認為自己比你強，或是關係平等，至少不會比你弱。換個角度，你是弱勢，對方排除的項目又是你想要的，非談不可，這時候該怎麼辦呢？

建議你選擇先閃開，你可以這麼說：「我們先把這個問題擱著，好不好？」千萬不要答應對方：「好，這個不談。」或是「好，這個答應你。」因為答應之後，就沒得談了。我們只需要把問題擱著，先談其他東西。

「no, but」，用否定句出牌

比方說，整件事情可能包含 A、B、C、D、E 幾個議題，他說 A 是不能談的，但 B、C、D、E 都可以談。表面上，他是很客氣地請你先出牌表示意見，可是，當他說 A 不能談的同時，就已經出牌了，這在談判戰術叫做「用否定句出牌」。

　　再打個比方，如果買方很強勢，坐上談判桌劈頭就跟賣方說：「今天早上出門之前，老闆告訴我，如果價格還是跟你們先前的報價一樣，那我就不必來了。不過，我們過去合作還蠻愉快的，我還是想來聽聽看，你們最終報價是多少？」

　　這句話的意思是：「我再給你一個機會，聽聽看現在報價怎麼樣？」買方看似沒有出牌，等賣方報價，但他一開始就已經強調，如果價格還是跟上次一樣的話，就不必再談，這就是用否定句出牌。

迂迴前進的目的是什麼？

　　對方採取的策略結構是「no, but」（不行，但是），他先告訴你，哪些東西是不能碰的，那些東西可能攸關對方的核心利益，其他都可以談。

　　問題是，你要什麼呢？若對方口中的其他，對你來說也是次要，你要的正是那些不能碰的，這種情況該怎麼辦呢？

　　首先，你要確定自己為什麼還留在談判桌上？如果還是非跟對方談判不可，建議先閃開。注意喔，不是答應對方不談，只是先不談。

　　先繞開 A，先談 B、談 C、談其他。迂迴前進，可以達到多

種目的，說不定談其他項目的過程非常愉快，對方可能改變心意，你也可能發現新的可能性。

目的一：誘敵深入

對方開門見山就說這個問題不能談，除非你很強勢，不能談就拉倒，你另外找別人談。否則的話，建議不妨順勢說：「好啊，先不談，先談點別的。」

等到雙方談得非常愉快，慢慢達成一些初步協議，彼此有了交情與互信，覺得捨不得關係破裂，再回頭看一開始說不能談的部分，有沒有轉圜餘地？

當你繞開 A，配合對方談 B、C、D、E，其實同時在做兩件事，一方面是「誘敵深入」，希望對方越談越開心，最後他也捨不得破局的時候，說不定原來堅持不碰 A 的立場，可能也會有一點鬆動。以迂迴策略，誘導對方進來，這是第一個目的。

目的二：思考其他可能性

除此之外，你也透過 B、C、D、E 進一步思考，有沒有可能組合出新的想法或新的解題方向？最重要的是，也許談了一段時間之後，不同議題的重要性改變順位，你看待問題的角度也會不一樣。

　　有的時候事情可以迂迴前進，也許你之前覺得非得要 A 不可，因為 A 非常重要，但說不定談了 B、C、D、E 以後，你發現另有一片天空，事情還有其他解決方法，你的想法也會因此改變。

　　儘管 A 對你很重要，但按照現實的態勢，A 可能要不到，是否考慮先要一個 A-？先找到替代方案，等到雙方關係更穩固，建立更深的互信基礎，時機成熟之後，你再繞回來把 A 拿到手。

　　千萬別小看次要議題，很多東西本來以為只是細枝末節，但是談著談著，說不定就會有新想法冒出來。

在不能談的情況下，有沒有「例外」？

　　前面提到「no, but」在談判戰術的運用。對方在談判開始進行之前，先說什麼議題不能談，但是談著談著，覺得雙方關係融洽，捨不得破局放棄的時候，這個 but 就有機會出現，例如下面兩種情況。

情況一：有沒有例外？

　　即使是畫了紅線、不能碰的東西，如果它只是一個原則，我們是不是可以找到某些例外？

在不能談的情況下，或許你可以問對方，有沒有誰有權力給這個例外？

對方的談判代表可能告訴你沒有，或者說：「有，你去找我們副總。」表示副總有破例的權力，或是某某高層可能有破例的權限。

情況二：可不可以給予解釋彈性？

萬一對方表示不能破例，沒有例外，我們還可以用另外一種方式，詢問對方可不可以給予比較寬鬆的解釋彈性？包括更廣義或更狹義的解釋。

進一步詢問什麼情況下可行？這個情況的定義有沒有彈性？簡單來說，就是爭取灰色地帶的談判空間。

把談判的終局延長

碰到不能談的議題，我們可以先繞開它，從其他比較容易達成協議的問題切入，後面再回頭來談棘手的問題。也可以試著找例外，或是找解釋的彈性，讓對方的原則鬆動。

如果還是解決不了，怎麼辦？這時你就要評估一下，如果這

個棘手問題不解決，雙方的關係有沒有辦法往前推展？可不可以日後再解決？如果可以，那麼就讓問題繼續擱著，雙方都可以宣稱自己贏了。

　　也就是說，我們把談判的終局延長，不能碰的棘手問題，眼前只要模糊地帶過，也許十年或十五年以後再來解決，是一個延長賽的概念。既然現在解決不了，那就把時間拉長，慢慢解決也是一個方法。

<u>08</u>

對方已讀不回，怎麼辦？

現代人對於「已讀不回」的反應衍生出許多討論，甚至還有以此為名的流行歌曲，實在很有意思。就連我在課堂上，也常有同學提問：「發信或訊息給對方，結果被已讀不回，這代表什麼意思呢？」或是明明給了報價、產品說明等，結果對方完全沒有反應，這時該怎麼辦？

這裡的已讀不回，不僅是針對訊息，而是泛指信件、社群、口頭等訊息的傳遞碰了釘子。這裡面可能是什麼狀況呢？我們來看看。

高情境文化的溝通默契

我常說，談判有時候也是一種「表演」，要會演、會裝。裝什麼呢？大大小小的各種談判，常有人裝死、裝傻、裝瘋、裝病。

「裝死」，其實就是裝睡、裝聽不到，你講什麼我沒聽到。

　　裝傻呢？則是裝聽不懂。用學術一點的說法，包括我們在內的東方世界，身處在所謂的高情境文化。通俗一點來講，就是東方人講話一半靠聽力，一半靠默契。講究說話默契，是高情境文化的特色，舉手投足之間，大家都曉得對方是什麼意思。有些人如果聽力不行或默契不夠，無法心領神會，就聽不懂。可是有人是故意聽不懂的，假裝聽不懂，反而可以爭取到一個空間。

　　至於裝瘋，則是測試對方要不要跟我一般見識。使出這招的人，目的當然是希望對方最好不要跟我一般見識。因為裝瘋的戰術只能容許一個瘋子，另一個必須是正常的，這樣裝瘋的戰術才會有效。如果兩人都是瘋子，這招就被抵銷，完全沒用了。

　　最後是裝病，這招政治人物很常用，可能忽然身體不適，聲稱肚子痛、住院打點滴，藉口裝病找到談判的緩衝空間。

「已讀不回」暗藏的訊息？

　　套用前面的幾招，已讀不回＝裝死，沒看到跟沒聽到是同樣的概念，對方為什麼沒聽到呢？原因可能很多。已讀不回，或是沒反應，其實是有巧妙智慧在裡頭的。

原因一：自保

有時候沒聽到也是一種智慧的表現。我在宮鬥劇《如懿傳》裡看過一段讓人印象深刻的對話。皇帝問太監李玉：「剛才都看到了什麼？」李玉回：「陛下讓奴才看到，奴才就看到；陛下不讓奴才看到，奴才就什麼都沒看到。」

這話的意思就是：「該我知道的，我就知道，不該我知道的，我也不想打聽。」

為什麼呢？這是自保，這樣活得比較久。依據不同的情況，選擇聽到（看到）或沒聽到（沒看到）。

原因二：門當戶對

還有一個情況，對方表現得像是沒聽到，或是沒看到，關鍵原因在於沒有門當戶對。談判講究門當戶對，如果你跟人家談判，人家沒答應，但是也沒走，表示他不是不想給你們公司，只是不打算給你。為什麼不給你？因為級別不對！

試想一下，對方是董事長，你只是一個課長，談判時，對方讓了一大步給你，你能做出等值的讓步還對方嗎？肯定還不了啊！因為權限等級不同。

一般來講，談判時，如果一方派了級別不對的人，另一方可能只會打個招呼，應付一下，不會正式展開談判。若你不識趣地

纏著對方，提出要求，對方可能笑而不答。寫信或發訊息亦然，對方可能選擇已讀不回。要是直接拒絕你，你會難過，但是答應的話，就換成他難過了。這種情況下，最好的方法就是已讀不回，軟拒絕的意思。

日後若有機會見面，你問對方：「上次寫信給你，你怎麼沒回？」對方可能回答：「有嗎？沒收到啊！」這時候，建議你隨著對方演下去，不需要追究真相，就當對方是真的沒收到。因為對方雖然拒絕了你，但其實並不想翻臉，保留轉圜的空間，說不定以後還有機會逆轉回來。

我常跟學生開玩笑講，如果你寫信給我，第一次沒有回，不要難過，可能只是不小心按到刪除鍵；第二次還是沒有回，也不要難過，可能是想回卻忘了回；第三次如果還是沒有回，那可能真的是不想回。但即使是這樣，選擇不回，也是因為不想要彼此的關係弄僵。

希望大家對於這類的情況能夠抱著輕鬆的心情，試著理解對方的考量，或是可能的原因，不用鑽牛角尖，過度解讀對方的已讀不回。

如何面對談判過程的變數？

　　還有一種情況，對方先詢價，但是你報價之後，對方沒有反應，這又該怎麼解讀？

　　我還是老話，不需要過度解讀，可能對方詢價並不是要馬上購買，他只是想得到一些資訊，收進檔案夾。

　　或者他真的打算下單購買，但是在準備要回覆你的時候，公司突然被合併，或是發生財務危機，亦或是他本人發生狀況，例如生病、鬥爭失敗丟官、轉調其他單位，或是家裡發生變故……這些變數都可能影響到正在進行的議題，必須暫停喊卡。

　　在談判的過程裡面，人和事都可能產生變化，一旦發生變化，很多事情的優先順序也可能跟著不一樣。問題是，你怎麼知道？當然不知道，所以「保持接觸」很重要。

　　不管是旁敲側擊，或是輾轉打聽，如果對方不在台灣，你甚至還得專程飛過去親自看一下，不管是哪種方式都可以試試。切記不要用猜的，妄加揣測沒有意義，無助於事情的推展。

火車不等人！給出期限，有助於回應

不管對方沒有回應的理由為何，可能是正在解決爭端，或是有其他談判正在進行，以我方的立場來看，都可能造成損失或困擾。因此，最好的解決方法，就是給一個期限。

比如報價時，可以備註這方案在什麼期限內有效。或是給對方一個期限，如果期限內沒有回覆，就代表同意或不同意。

國外的談判學者稱這招叫「火車不等人」。不管是哪種狀況，有期限，對方才會想趕快回應。不給期限，人家不會當真；給期限才會緊急，才會想趕快跳上車，慢了火車就要開走了！

主旨要寫清楚、抓重點

最後，我還想提出一個可能，有時候對方已讀不回，問題可能出在我們的主旨沒寫好。主旨沒寫好，信件內容或提案又太複雜、太抽象，讓人家誤以為是在溝通什麼理念，心想這個不急，等心有餘力再來慢慢看，甚至可能連信件都沒有點開。

有談判專家建議，信件主旨要盡量寫清楚、抓重點。如果希望對方表示意見，回覆同意或不同意，主旨就要強調這個部分，

甚至可以在主旨後面直接加括號註明：（無內文）。對方看到無內文，意思是連點開信件都不用，就可以馬上回覆同意或不同意，問題很快就能解決。

如果主旨寫得不清不楚，對方以為要點開信件仔細看，或是看了之後，需要好好想一想再回覆意見。礙於當下沒時間，打算改天忙完再來回信，結果一忙就忘了，變成已讀不回。

面對已讀不回，切記不要太早下結論，靜下心來觀察後續發展，才能找到比較恰當的解決和回應方式。

09
如何優雅下桌，
不至於撕破臉？

　　講了這麼多關於談判的素養、戰術，以及實際應對攻防的話術，最後我想分享一個重要的題目：如何離開談判桌而不撕破臉？或是更直白的說法：如何評估談判要終止，還是要繼續？

　　我在演講或上課時，很多朋友都曾經提出類似的問題：如果雙方沒有共識，或是無法滿足雙方期待的情況下，談判的停損點應該設在什麼時間？是談判之前就緊急喊停？還是談判中期？

　　大家都想了解，這局棋該不該繼續下？萬一想棄局，要怎麼做才能把損失降到最低？如何避免不歡而散的情況發生？

　　如何喊停，為談判畫下句點的學問很大。在回答前面這些問題之前，有幾個觀念要釐清。

迷思一：談判有時不是求同，而是求異！

首先，「雙方沒有共識，或是無法滿足雙方期待」這句話本身就有問題。因為很多時候，談判並不是求同，而是求異，不見得要有共識才能談判。

我常講，談判要抓大放小。大家會納悶，這話不對啊？你放出去小東西，人家為什麼要呢？關鍵在於，雙方要的東西不一樣，這才是重點。換句話說，他覺得不重要的東西，我覺得很重要，雙方才能進行交換。

這裡頭的關鍵是什麼？關鍵在於，雙方對重要性的看法有沒有共識？答案是「沒共識」！正是因為雙方對這點沒有共識，才能夠交換，各取所需。

這類的談判，我們稱之為「分配型談判」。至於合夥做生意，則屬於「整合型談判」，雙方需要有共識，對前景有共同的期待，談判的重點在求同。兩種是不同類型的談判。

迷思二：期待會隨談判過程調整

至於無法滿足雙方期待的問題，從現實面來看，期待本來就

不可能百分之百滿足。特別是在談判過程中,雙方經常換牌,原本坐上談判桌前,心裡預想的情況,等到上桌之後,也會根據實際狀況調整期待,甚至重新安排優先順序。

期待並不是鐵板一塊,它是會變的、可以調整的。既然期待是可以調整的,「無法滿足雙方期待」也不會是影響談判繼續或終止的關鍵考量。

談判的「停損點」,應該設在什麼時間?

既然如此,停損點應該要設什麼時間?談判之前?還是談判中期?

嚴格來說,如果是談判之前,其實不叫棄局,因為你根本還沒有開局。我常說,談判本身充滿了各種決策,它可以分成三個層次的決策面:

第一層,上不上桌?上不上桌就是一個決策。

第二層,要不要接受對方開出的最後條件?達成協定也是一個決策。

第三層,如果決定不接受眼前的協定,要不要繼續往下談?這是第三層的決策。

談判是否發生？是否繼續？成本效益是關鍵

　　要不要上桌？我在前面章節提到談判發生的條件，包括事前評估雙方是談得通的，中間有緩衝、有迴旋空間，對方的立場可能因談判而改變，這時我們才會同意上桌談。

　　如果還沒上桌就知道對方是鐵板一塊，談也沒用，為什麼還要談呢？或是我方居於弱勢，無論如何都打不過對方，在沒有勝算的情況下，對方想怎樣就怎樣，坐下談，反而讓對方的行為有正當性。透過談判，形同我們默許、同意對方的強勢。這時我就可能不上桌，寧可選擇不談，不成局。

　　同樣的，留不留？關鍵也是成本效益。談判時，我們會有所謂的預期效益，如果繼續往下談，付出的成本小於預期效益，我們才會繼續留在桌上。反之，若效益太小，成本太大，等於是賠本生意，為什麼還要繼續待在談判桌上？

一旦評估成本大於效益，隨時可以喊停

　　回到停損點設定時間的問題，答案是：**隨時！因為重點不是時間，而是成本效益。**

　　一旦發現成本大於效益，而且之後沒有轉圜的可能性，就
要當機立斷喊停，不需要受限於談判的進程。無論發展到哪個階
段，只要發覺再繼續往下談，你會有所損失，即使能得到一些東
西，也是入不敷出，這時就可以喊停。這裡的損失可能是時間成
本、機會成本，或是面子形象。既然繼續談下去並不划算，任何
時間都可以是停損點。

如何善用話術脫鉤下桌？

　　看到這裡，大家一定會說：「老師啊！事情怎麼可能這麼簡
單？談到一半，突然說不談就不談了！」

　　沒錯！想要順利下桌，得找一套說詞，才不至於撕破臉。前
面提到關於破局的主題時，我已經為大家介紹過幾種談判脫鉤的
話術。這裡我們再來複習一下，同時補充幾個運用時的撇步。

方法一：讓對方有理由下台

　　陷入僵局，或是發現繼續談下去並不划算的時候，不妨主動
提議：「看來我們立場差距太大，再談下去也不會有結果。要不
然這樣吧，我們先喊停，各自回去問老闆，看看有沒有什麼新的

指示或新的想法。」

　　各自回去問老闆是一個常用的招數。事實上，後面到底有沒有老闆並不重要，有沒有新的想法也不重要，只是讓對方有理由下台。就算他後面可能根本沒人可以請示，他就是那個拍板的人，我們也要替他創造出這麼一個人，讓他可以脫鉤。

　　很多時候，談判進展到一個階段卡關，雙方心裡都有數，這局成不了。既然已經知道再談下去沒有意義，成本效益不成比例、不划算，這種情況，就像掛在魚鉤上的魚，雙方需要找機會脫鉤，彼此才能鬆一口氣。

方法二：暫時擱置議題，留給時間解決

　　再來，談判陷入僵局，暫時擱置留待日後解決，也是不翻臉的方式之一。這招尤其常用在外交談判，很多問題當下無解，不妨留待以後再說。

　　有時不是離開談判桌，而是離開這個議題。與其在某個議題上纏鬥不休，不如先暫時擱置，跳脫這個議題，雙方不至於因此撕破臉，還是可以繼續在其他議題上談判協商。

方法三：為日後可能的合作維持關係

　　談判時，千萬不要誤以為只要努力就會成功，很多情況下，

不管多努力，若雙方的底線沒有重疊區，注定就是不會成功。但是破局也不代表努力是白費的。

雖然沒談成大項目，但對方可能在談判過程中感受到你的誠意，或是認同你們公司的理念、肯定你們生產線的品質，也許大單給不了你，但小項目的合作還是有機會拿到。

這個情況常發生在商業談判，談判沒成，但雙方仍然維持一點關係。維持關係的好處是什麼呢？情勢會改變，雙方維持關係，說不定將來有其他新的合作機會。誰也不曉得以後會是什麼狀況，談判棄局，但不撕破臉，留個小尾巴維持關係。

不被「沉沒成本」綁住，才能優雅下桌

以上幾個方法提供給各位，可以進一步思考：談判怎麼破？怎麼收？決定談或不談的關鍵點是什麼？

雖然我一直提醒大家，當你發現成本高於預期效益，入不敷出，繼續談下去不划算的時候，就要退場，但這說起來容易，實際執行卻並非如此。

很多人礙於面子，覺得自己已經在老闆面前誇下海口，結果談得灰頭土臉，於是為了顧全面子硬撐或倒貼，無論如何都要談成。或是認為頭都已經洗下去，花了這麼多時間或金錢，非談出

一個結果不可，否則很難交代。

　　千萬不要心存這樣的想法！若是為了面子，捨不得退，後面會賠更多，更不划算。結果贏了面子，輸了裡子，甚至連面子也沒贏到。

　　在談判時，也有些人是抓準對手投入太多時間、面子或金錢等所謂的「沉沒成本」，必定會捨不得退場的心態，藉此取得談判的贏面和利益。

　　該斷則斷，該停則停，該離開下桌，則離開下桌，才能優雅退場。

www.booklife.com.tw　　　　　　　reader@mail.eurasian.com.tw

商戰系列 245

利與贏：劉必榮談判實戰課

作　　　者／劉必榮
發 行 人／簡志忠
出 版 者／先覺出版股份有限公司
地　　　址／臺北市南京東路四段50號6樓之1
電　　　話／（02）2579-6600・2579-8800・2570-3939
傳　　　真／（02）2579-0338・2577-3220・2570-3636
副 社 長／陳秋月
副總編輯／李宛蓁
責任編輯／劉珈盈
校　　　對／李宛蓁・劉珈盈
美術編輯／李家宜
行銷企畫／陳禹伶・黃惟儂
印務統籌／劉鳳剛・高榮祥
監　　　印／高榮祥
排　　　版／陳采淇
經 銷 商／叩應股份有限公司
郵撥帳號／ 18707239
法律顧問／圓神出版事業機構法律顧問蕭雄淋律師
印　　　刷／祥峰印刷廠
2024年7月　初版

定價410元　　　　　ISBN 978-986-134-501-7　　　　版權所有・翻印必究
◎本書如有缺頁、破損、裝訂錯誤，請寄回本公司調換　　　Printed in Taiwan

談判不只是技巧，它也是一種思維方式，更是一種「贏者不全贏、輸者不全輸」的素養。因為談判不只是用來殺價或買賣，更多的時候，它是在幫我們解決衝突。我希望每一個學過談判的人，都能一起把餅做大，使所有的衝突都像和風細雨一樣，輕鬆解決。

——《劉必榮談判精華課》

◆ **很喜歡這本書，很想要分享**

圓神書活網線上提供團購優惠，
或洽讀者服務部 02-2579-6600。

◆ **美好生活的提案家，期待為您服務**

圓神書活網 www.Booklife.com.tw
非會員歡迎體驗優惠，會員獨享累計福利！

國家圖書館出版品預行編目資料

利與贏：劉必榮談判實戰課 / 劉必榮著.
-- 臺北市：先覺出版股份有限公司，2024.07
264 面；14.8×20.8 公分
ISBN 978-986-134-501-7（精裝）
1. 談判　2. 談判理論　3. 談判策略

177.4   113007411